はじめに

　現代社会ではビジネスばかりではなく、あらゆる分野でコミュニケーションの手段としての英語力が問われるようになりました。日本人が入学する資格としてＳＴＥＰ２級以上を認める英語圏の大学が増えたり、社会人が勤務先から、あるいは学生が就職活動や大学院進学にあたりＴＯＥＩＣのスコア提出を求められたり、英語を社用語にする企業がでてきたりと、英語力養成が今まで以上に求められています。今後もこの傾向は続くと思います。本書は英語運用能力の柱となる文法力を身につけると同時に、文法にかなった実用的な英語表現を身につけることを目標に構成されています。皆様が本書を大いに活用されて、取り上げる項目を厳選した練習問題に取り組むことによって英語の理解力と運用力の養成に役立てて下さることを願っています。なお、文法事項の更に詳しい説明・解説に関しましては、拙著「実践英語文法詳解」（朝日出版社）を参考にして頂ければ幸いです。

　　　　　　　　　　　　　　　　　　　　　　　2011年3月吉日　　髙谷伴江

目　次

Unit　1　文の構成 1
Unit　2　５文型 4
Unit　3　文の種類 7
Unit　4　名詞 13
Unit　5　冠詞 16
Unit　6　代名詞 19
Unit　7　形容詞 24
Unit　8　副詞 27
Unit　9　前置詞 31
Unit 10　動詞 36
Unit 11　接続詞 45
Unit 12　助動詞 48
Unit 13　受動態 54
Unit 14　不定詞 58
Unit 15　動名詞 62
Unit 16　比較 67
Unit 17　完了形 71
Unit 18　関係詞 75
Unit 19　分詞構文 80
Unit 20　仮定法 83
Unit 21　話法 86

Unit 1　文の構成

文は、文の主題となる「**主部**」と主題について述べる「**述部**」で成立する。

　　　　　　　　　主部　　　　　　述部
(平叙文)　John and Roy　are fond of sports.（ジョンとロイはスポーツが好きだ。）
　　　　　He　　　　　　bought a new car.（彼は新車を買った。）

　　　　　　　　　　　　述部
(疑問文)　Do　you　take a walk every day?（君は毎日散歩しますか？）
　　　　　　　　主部

　　　　　　　　　　述部
(感嘆文)　How generous　he　is !（彼は何て心が広いのでしょう！）
　　　　　　　　　　　　主部

I．文の要素

主部の中心の**主語**(Subject Word)、述部の中心の**動詞**(Verb)、動詞の動作を受ける**目的語**(Object)、主語や目的語の意味を補う**補語**(Complement)の4つである。

1．**主語**…大部分が名詞と代名詞だが、名詞に相当する*句や*節もある。

*句は、連続した2語以上のまとまりが1つの品詞（名詞・形容詞・副詞）の働きをする。

*節は、接続詞・関係詞・疑問詞に導かれる語群で、1つの品詞（名詞・形容詞・副詞）の働きをして、それ自身が文[主語＋動詞]の形をとる。

　　　<u>My mother</u> likes shopping.（<u>私の母</u>は買い物が好きだ。）
　　　←　主部　→(=名詞句)

　　　<u>What I said</u> was wrong.（<u>私の言った事</u>は間違っていた。）
　　　←　主部　→(=名詞節)

2．**動詞**…述部の中心で動作や状態を表す。

　　　They <u>found</u> him very kind.（彼等は彼がとても親切だと<u>わかった</u>。）
　　　You <u>had better see</u> a doctor.（医者に<u>診てもらった方がいい</u>。）

3．**目的語**…動作の対象で大部分が名詞と代名詞である。

　　　I met <u>his mother</u> last night.（私は<u>彼の母</u>に昨晩会った。）
　　　He bought <u>his daughter</u> an English dictionary.（彼は<u>娘に</u>英語の辞書を買った。）

4．**補語**…主語や目的語を説明して、その意味を補う。

(1) 主格補語…主語についての意味を完全にする補語

① 名詞の場合には 主語＝補語 の関係が成立する。

　　　<u>He is a football player</u>.（彼はサッカー選手だ。）　　　He = a football player
　　　S　V　　　C

　　　<u>We saw a football player</u>.（私達はサッカー選手に会った。）We ≠ a football player
　　　S　V　　　O

*上の文は 主語＝補語 の関係が成立するので、a football player は主格補語だが、下の文は

Unit 1

主語＝補語の関係が不成立なので、補語ではなくて目的語ということになる。

　　　The fact is *that he was fired.（事実は彼が解雇されたということだ。）
　　　　S　V　　　C 名詞節　　　　　　　　　The fact = that he was fired

＊that 以下は The fact の内容を説明する名詞の役割をし、主語と動詞があるので名詞節である。また 主語＝補語 の関係が成立するので、主格補語である。

② 形容詞の場合には be動詞 を入れた文が成立する。

　　　The soup tastes salty.（そのスープはしょっぱい。）
　　　　S　　V　　C　　　　　　　　　　The soup is salty が成立する。

　　　The light turned red.（ライトが赤くなった。）
　　　　S　　V　　C　　　　　　　　　　The light was red が成立する。

(2) 目的格補語…目的語の意味を完全にするために、説明して補う。

　　　We saw him jogging.（私達は彼がジョギングするのを見た。）
　　　　S　V　O　　C　　　　　　　　　　He was jogging が成立する。

　　　He left the window open.（彼は窓を開けたままにした。）
　　　　S　V　　O　　　C　　　　　　　　The window was open が成立する。

5. 修飾語…形容詞や副詞、またはそれらの働きをする句や節で、主語・動詞・目的語・補語に様々な意味を付け加える。

(1) 形容詞的修飾語…名詞や代名詞を修飾し、文の要素では主語・目的語・補語を修飾する。

　　　My sweet dog gives me a wonderful time.（私の可愛い犬は素晴らしい時間をくれる。）
　　　代名詞 形容詞 名詞　　　　　　　　形容詞　　名詞

(2) 副詞的修飾語…動詞・形容詞・副詞を修飾し、文の要素では動詞や補語を修飾する。

　　　He seemed very upset.（彼はとても落胆しているように見えた。）
　　　　　　　　 副詞 形容詞

　　　Suddenly it started to rain hard.（突然激しく雨が降り出した。）
　　　　副詞　　　動詞　（動詞）副詞

Ⅱ．品詞

文の主要素を構成する最小の単位が単語で、**名詞・代名詞・動詞・形容詞・副詞・前置詞・接続詞・間投詞**の8種類に分類される。この種別を品詞という。

基本的に**名詞**は人や物の名前を表し、**代名詞**はその名詞の代わりに用いられる。名詞や代名詞の前に置かれて、名詞・代名詞と他の語との関係を表すのが**前置詞**で、名詞を修飾するのが**形容詞**である。**動詞**は人や事物の動作や状態を表し、**副詞**は動詞・形容詞・他の副詞を修飾する。**接続詞**は語と語、句と句、節と節を結ぶ。**間投詞**は感情を表すが、文中で独立していて、他の語とは文法的な関係がない。

Unit 1 Exercises

1 次の各文の主部にあたる部分に下線を引きなさい。

1) There are some people who want to go on a world tour by ship.

2) What particular fashions in clothes are popular at the moment in New York?

3) American pop stars like Tyler have attracted a large number of Japanese teenagers.

4) For Tuesday lunch a salmon sandwich, salad, chips and a cup of tea were served.

5) These days sharing a flat with someone you don't know is quite common in London.

2 次の下線部が、名詞句・形容詞句・副詞句のどの働きかを（　）に記入しなさい。
1) We had nothing to do at the party.　　　　　　　（　　　　　）
2) There are some magazines on the table.　　　　　（　　　　　）
3) He knew how to use the machine.　　　　　　　（　　　　　）
4) The boy playing the guitar is my brother.　　　　（　　　　　）
5) Watching TV, she cooked dinner.　　　　　　　（　　　　　）

3 次の下線部が、名詞節・形容詞節・副詞節のどの働きかを（　）に記入しなさい。
1) This is the house which my aunt lives in.　　　　　　（　　　　　）
2) Do you think that he is a reliable person?　　　　　（　　　　　）
3) She was so happy when she heard his success.　　　（　　　　　）
4) He left home so early that he could catch the first train.　（　　　　　）
5) English is the subject that I like best.　　　　　　　（　　　　　）

4 3つの文が、同じ意味の英文になるように文を完成させなさい。
1) The bus was delayed _____
　 There was traffic jam, _____
　 The bus was delayed _____

2) They enjoyed skiing _____
　 They enjoyed skiing _____
　 The weather was bad, _____

Unit 2　5文型

主語（Subject）、動詞（Verb）、目的語（Object）、補語（Complement）の4つの要素が組み合わさって、5種類の文つまり5文型を構成する。

1．第1文型　S＋V …動詞が目的語や補語を必要とせず、主語と動詞で構成される。

　　　The <u>party</u> <u>began</u> at 5 p.m.（そのパーティは午後5時に始まった。）
　　　　　　S　　　V

★注意を要する構文

　　　Here <u>is</u> <u>your umbrella</u>.（ここに君の傘がある。）
　　　　　 V　　　S

　　　There <u>is</u> <u>a dog</u> by the piano.（ピアノのそばに犬がいる。）
　　　　　　V　　 S　　　　　　　　　　　　　　*この構文のThereには意味がない。

2．第2文型　S＋V＋C …動詞が補語を必要とする**不完全自動詞**で、ある状態やその継続や変化、感覚などを表す。補語になるのは名詞か形容詞である。

　　　This <u>orange</u> <u>tastes</u> <u>sour</u>.（このオレンジは酸っぱい。）
　　　　　　S　　　　V　　C 形容詞

　　　<u>She</u> <u>kept</u> <u>silent</u>.（彼女は黙ったままだった。）
　　　　S　　V　　C 形容詞

★主な不完全自動詞

　　　[状態動詞]　　　　be　appear　lie　look　seem　stand
　　　[継続を表す動詞]　continue　keep　remain　stay
　　　[変化を表す動詞]　become　get　grow　turn
　　　[感覚を表す動詞]　feel　smell　sound　taste

3．第3文型　S＋V＋O …動詞が補語を必要としないが目的語を必要とする**他動詞**である。

(1) 動作の対象となる目的語をとり、「... を~する」という意味になる。

　　　The <u>teacher</u> <u>gave</u> so much <u>homework</u> to us.（先生が私達にたくさん宿題を出した。）
　　　　　　S　　　　V　　　　　　　　O

　　　<u>She</u> <u>bought</u> <u>a tie</u> for her boyfriend.（彼女はボーイフレンドにネクタイを買った。）
　　　　S　　V　　　O

★間接目的語の前に for をとる授与動詞

　　　buy　choose　cook　do　find　get　leave　make　order　save　sing　play

*この文型では、大部分は間接目的語の前に to をとるが、to は「何かが移動する」という意味を含み、for は「～のために、～の代わりに（～してあげる）」などの意味を含む。

(2) 名詞の役割をする句や節が目的語になることがある。

　　　<u>He</u> <u>wants</u> <u>to play catch with you</u>.（彼は君とキャッチボールをしたい。）
　　　　S　　V　　　　　O　　　　　　　　　　　　*目的語が<u>不定詞の名詞的用法</u>

　　　<u>She</u> <u>loves</u> <u>watching musicals</u>.（彼女はミュージカルを観ることが大好きだ。）
　　　　S　　V　　　　O　　　　　　　　　　　　　　　　　　　　*目的語が**動名詞**

Unit 2

    <u>We</u> <u>didn't know</u> <u>what to do</u>.（私達はどうしたらよいかわからなかった。）
     S   V   O   *目的語が**疑問詞＋不定詞**の名詞句
    <u>They</u> <u>think</u> <u>(that) it is true</u>.（彼らはそれが本当だと思っている。）
     S   V   O   *目的語が**従属接続詞に導かれた名詞節**

4．第4文型 $\boxed{S＋V＋IO＋DO}$…動詞が何かを受ける対象者である「**間接目的語(Indirect Object)**」と主語が行う動作の直接の対象である「**直接目的語(Direct Object)**」の両方を必要とする。直接目的語は句や節の場合もある。

    <u>She</u> <u>bought</u> <u>her boyfriend</u> <u>a tie</u>.（彼女はボーイフレンドにネクタイを買った。）
     S   V   IO   DO
    <u>She</u> <u>told</u> <u>me</u> <u>how to do it</u>.（彼女は私にそのやり方を教えてくれた。）
     S V IO   DO   *目的語が**疑問詞＋不定詞**の名詞句
    <u>He</u> <u>told</u> <u>us</u> <u>that he got a job</u>.（彼は私達に仕事が決まったと言った。）
     S V IO   DO   *目的語が名詞節

5．第5文型 $\boxed{S＋V＋O＋C}$…動詞が目的語を説明する補語が必要な他動詞で、**O(目的語)＝C(補語)** の関係や **O と C が意味上の主語と補語の関係**、**be動詞を入れた文が成立**する。

(1) $\boxed{O(目的語)＝C(補語)}$の関係

    <u>We</u> <u>named</u> <u>our baby</u> <u>Kao</u>.（私達は赤ちゃんを佳央と名付けた。）
     S   V   O   C   *our baby=Kao で Our baby <u>is</u> Kao が成立する。
    <u>I</u> <u>think</u> <u>this</u> <u>an accident</u>.（これは偶然だと思う。）
     S V   O   C   *this=an accident で This <u>is</u> an accident が成立する。

(2) $\boxed{O(目的語)とC(補語)が意味上の主語と述語}$の関係

① **知覚動詞**…目、耳や皮膚などの感覚器官を通じた知覚行為を表す。
    e.g. see, watch, look at, hear, listen to, feel, smell, notice, observe
    <u>They</u> <u>heard</u> <u>somebody</u> <u>shouting</u> last night.（彼らは昨夜誰かが叫ぶのを聞いた。）
     S   V   O   C   *Somebody <u>was</u> shouting が成立する。

② **名詞を補語にとる動詞**

call（〜と呼ぶ） **choose**（〜に選ぶ） **drive**（〜の状態にする） **elect**（〜を選ぶ）
make（〜にする） **name**（〜と名づける） **think**（〜だと思う）

    <u>His mother</u> <u>made</u> <u>him</u> <u>a doctor</u>.（彼の母は彼を医者にした。）
      S   V   O   C   *him = a doctor で He <u>is</u> a doctor が成立する。

③ **形容詞を補語にとる動詞**

find（〜とわかる） **get**（〜にする） **make**（〜にする） **keep**（〜にしておく）
leave（〜のままにしておく） **paint**（〜に塗る） **turn**（〜に変える）

    <u>He</u> <u>made</u> <u>her</u> <u>happy</u>.（彼は彼女を幸福にした。）
     S V O C   *she≠happy で She <u>is</u> happy が成立する。
    cf. <u>He</u> <u>made</u> <u>her</u> <u>a chair</u>.（彼は彼女に椅子を作ってあげた。）
        S V O   O   *her≠a chair で She <u>is</u> a chair が成立しない。

Unit 2 Exercises

1 主語、動詞、目的語、補語に下線を引き、記号 SVOC で示しなさい。
1) My mother told me how to do it.

2) He bought a silver necklace for his wife on her birthday.

3) She thought him kind and warm-hearted.

4) I'm not feeling well after a day of hard work.

5) She is known to everybody in her school.

2 2つの文が同じ意味になるように、文型をかえて文を完成させなさい。
1) My mother will bring you a cup of tea. ⇒ My mother will bring a cup of tea _____

2) It was difficult for him to solve the problem. ⇒ He _____

3) His aunt sent him a nice jacket. ⇒ His aunt sent a nice jacket _____

4) Her teacher asked her a question. ⇒ Her teacher asked a question _____

5) There is some water in the pot. ⇒ The pot _____

3 間違っている箇所に下線をひいて、適切な形に直したものを（　）に入れなさい。
1) They played a beautiful song us.　　　　　　　　　　（　　　　　）
2) I heard somebody shouted a minute ago.　　　　　　（　　　　　）
3) There a beauty lived in that village.　　　　　　　　（　　　　　）
4) He gave to her a difficult task.　　　　　　　　　　（　　　　　）
5) She made happy him.　　　　　　　　　　　　　　（　　　　　）

4 次の語句を並び替えて、文を完成しなさい。但し、文頭に来る語を大文字にしなさい。
1) gave/ defects/ look/ of/ us/ with/ boss/ because/ angry/ some/ our/ products/ an/ .

2) Mr./ London/ a/ Mrs./ built/ the/ Brown/ new/ of/ had/ suburbs/ and/ in/ house/ .

Unit 3　文の種類

文は、表現内容から**平叙文・疑問文・命令文・感嘆文**の４種類に分けられ、構造上から**単文・重文・複文**の３種類に分けられる。

Ⅰ．文の表現内容

１．**平叙文**…通常「**S＋V〜**」の語順で事実や考えを単に表す。

(1) 肯定文…事実をありのままに述べて単に情報を伝える「打ち消しではない文」である。

　　　She is a very good English speaker．（彼女は英語を話すのがとても上手だ。）

(2) 否定文…肯定文に **not** や **never** などの否定語を付け加える「打ち消しの文」である。

① be 動詞のある文… be 動詞＋not

　　　He is **not**（＝isn't）fond of sports.（彼はスポーツが好きではない。）

② 助動詞のある文… S ＋助動詞＋not＋V(原形)

　　　We **cannot**（＝can't）join the party.（私達はそのパーティには出席できない。）

③ 一般動詞のある文… do(現在) / does(3 単現 S) / did(過去)＋not＋動詞の原形

　　　We **do not**（＝don't）play tennis．（私達はテニスをしない。）

２．**疑問文**…ものを尋ねる文で、主語の前に動詞や助動詞がきて文尾に**疑問符**がつく。

(1) 一般疑問文…相手に Yes か No の答えを求める。文尾を上げ調子でいう。

① **be 動詞または助動詞がある場合**…文頭(主語の前)に be 動詞または助動詞を置く。

　　　Are you busy?（あなたは忙しいですか？）— Yes, I **am**. / No, I'm **not**.

　　　Can you run fast?（あなたは早く走れますか？）— Yes, I **can**. / No, I **can't**.

② **一般動詞の場合**…文頭(主語の前)に Do、Does、Did を置いて、動詞を原形にする。

　　　Do　　（現在）
　　　Does　（３人称・単数・現在）　＋S ＋ 動詞の原形　〜？
　　　Did　　（過去）

　　　Does he know the reason?（彼はその理由を知っていますか？）

③ **否定の疑問文**…Yes/No の日本語の訳とは一致しない。疑問文の中の動詞に着眼して、その動作を肯定する場合には **Yes**、否定する場合には **No** で始める。先に助動詞の意味を考えてから、**Yes/No** の日本語の訳を考える。

　　　⎧ **Don't** you **want** to take lunch?（あなたはお昼をとりたくないのですか？）
　　　⎨ Yes, I **do**（＝I <u>want</u> to take lunch）.（いいえ、<u>とりたいです。</u>）
　　　⎩ No, I **don't**（＝I <u>don't want</u> to take lunch）.（はい、<u>とりたくないです。</u>）

　　　⎧ **Doesn't** she play tennis?（彼女はテニスをしないのですか？）
　　　⎨ Yes, she **does**（＝she <u>plays</u> tennis）.（いいえ、<u>します。</u>）
　　　⎩ No, she **doesn't**（＝she <u>doesn't play</u> tennis）.（はい、<u>しません。</u>）

　　　⎧ **Didn't** you watch the WBC yesterday?（昨日 WBC を見なかったのですか？）
　　　⎨ Yes, I **did**（＝I <u>watched</u> it）.（いいえ、<u>見ました。</u>）
　　　⎩ No, I **didn't**（＝I <u>didn't watch</u> it）.（はい、<u>見ませんでした。</u>）

Unit 3

(2) 特別疑問文…疑問代名詞（who、what、which）と疑問副詞（when、where、why、how）が文頭にきて、その後は一般疑問文と同じ語順になる。疑問詞は文中で主語・目的語・補語・修飾語の働きをする。一般疑問文とは異なり、文尾は**下げ調子**でいう。

① 疑問詞が主語の場合

<u>**Who**</u> was elected as chairman?　　<u>**Thomas**</u> was (elected as chairman).
　主語（誰が議長に選ばれたの？）　　　　主語（トマスだよ。）

② 疑問詞が目的語の場合

<u>**What**</u> do you want to do?　　I want <u>**to watch a movie**</u>.
　目的語（あなたは何をしたいですか？）　　目的語（映画を見たいです。）

③ 疑問詞が補語の場合

<u>**What**</u> is this?　　It is <u>**a present**</u> for you.
　補語（これは何ですか？）　　補語（それは君へのプレゼントです。）

④ 疑問詞が修飾語の場合

<u>**Where**</u> did you meet Ben?　　I met him <u>**in the library**</u>.
　（どこでベンに会いましたか？）　　（図書館で会いました。）

(3) 選択疑問文…2つ以上の中から1つを選ばせる疑問文で、YesやNoでは答えられない。orの前では上げ調子で、文尾は下げ調子でいう。　一般疑問文 ＋ A or B

　　Do you go to school <u>**by bus**</u> or <u>**by train**</u>? （通学はバスですか、それとも電車ですか？）
　　　　　　　　　　　　A↗　　　　B↘

　　I go <u>**by bus**</u>. （バスで通っています。）

(4) 付加疑問文…平叙文の後に付加的に短縮形の疑問文をつけて「〜ですね」と相手に軽く念を押したり、YesかNoの答えを軽い気持ちで問いかける疑問文である。主語は常に代名詞で、本文と付加疑問の間はコンマで区切られる。軽く念を押す場合や、同意を得たい場合には文尾を下げ調子で、軽い気持ちでの問いかけや確認の場合には文尾は上げ調子である。

　　付加疑問節 ＝ 助動詞＋代名詞形にした主語

　　肯定の平叙文　＋　付加疑問節＝否定の疑問文
　　否定の平叙文　＋　付加疑問節＝肯定の疑問文

<u>It is a very exciting story</u>, <u>**isn't it**</u>? （それはとてもわくわくするような話ですよね。）
　　肯定の平叙文　　　　付加疑問節＝否定の疑問文　　　　　　（下げ調子）

<u>He didn't go fishing yesterday</u>, <u>**did he**</u>? （彼は昨日釣りに行かなかったですか？）
　　否定の平叙文　　　　付加疑問節＝肯定の疑問文　　　　　　（上げ調子）

<u>There are several nice shops around here</u>, <u>**aren't there**</u>?
　　肯定の平叙文　　　　　　　　　　付加疑問節＝否定の疑問文

Unit 3

　　　（この辺には素敵なお店が数軒ありますよね。）　　　　　　　　（下げ調子）
　　　（この辺には素敵なお店が数軒ありますか？）　　　　　　　　（上げ調子）
＊There is/are 構文の場合には、付加疑問の主語の位置に there を入れる。
★**特殊な付加疑問文**…命令文や Let's～の文を付加疑問文にすると、命令の調子や意味を和らげる働きをする。慣用的に使われる表現である。

> 命令文 ～ , will you / won't you ?
> Let's ～ , shall we ?

　　　Close the door, **will you?** （ドアを閉めてね。）
　　　Let's sing, **shall we?**（歌いましょうか。）―（答え方）Yes, let's. / Yes, all right.
　　　（ええ、そうしましょう。）　No, let's not. （いいえ、よしましょう。）

(5) **間接疑問文** 疑問詞＋S＋V …疑問代名詞に導かれた疑問文が文の一部になり、語順は平叙文と同じになる。

　　　(You) Tell me what it is. （私にそれが何かを教えて。）＊主語 You が省略されている命令文
　　　　(S)　 V　O　　O

＊文の一部に組み込まれた疑問文"**What** is it?"を平叙文の語順に直す必要がある。

　　　We don't know what happened to them. （私達は彼等に何が起こったか知らない。）
　　　 S　　 V　　　　　O

＊疑問文"**What** happened to them?"が文の一部に組み込まれて"We don't know"の目的語になっているが、What が疑問文の主語なので、語順はそのままである。

(6) **修辞疑問文**…形は疑問文だが、内容は日本語の反語に相当して相手に言いたい事や自分の感情を伝える。一般に平叙文に書きかえることができて、**肯定**の**修辞疑問文は否定の平叙文**に、**否定の修辞疑問文は肯定の平叙文**に相当する。

　　　Who wants a scandal? （誰がスキャンダルなど望むだろうか？）
　　　＝**Nobody** wants a scandal. （誰もスキャンダルなど望まない。）

３．**命令文**…話し相手 You に直接「命令・依頼・禁止」などを表す。主語 You を通常省略して動詞の原形で文を始めて、感情を込めた感嘆符！などをつける。

(1) **肯定の命令文**

　　　Watch your step. / **You watch** your step.（足もとに気をつけて。）

＊You を省略しない場合には、You は強く発音されて、特に命令する相手を強調する「強意」になる。相手の注意をひくために使われる。

> please や付加疑問の "... , will you/won't you?" などを添えると命令文の意味が和らぐ

　　　Please watch your step!＝**Watch** your step, **please**!（足もとに気をつけて下さい。）
　　　Be nice, **will you?** ＝**Be** nice, **won't you?** （優しくしてね。）

(2) **否定の命令文**… Don't または Never＋命令文 (be 動詞/動詞の原形～)

　　　Don't be late. （遅れないで。） / **Never be** rude. （決して失礼な態度をとらないで。）

(3) **Let を使う間接的な命令文** Let＋名詞または代名詞の目的格＋命令文(動詞の原形～)

　　　Let me do it. （それを私にやらせて。）　**Don't let** him do it. （それを彼にさせるな。）

Unit 3

＊ここから生まれた"**Let me see.**（ええと）"はとっさに言葉が出ない場合などに使われる。

(4) **Let's＋命令文** …Let's は形が Let us「～しましょう」の短縮形で、**提案**や**勧誘**を表する。

　　　Let's dance together.（一緒に踊りましょう。）

　　　付加疑問の " ～ , shall we? " を添えると丁寧な表現になる！

　　　Let's sing together, **shall we?**　Yes, let's. / No, let's not.
　　　（歌を一緒に歌いましょう。）（ええ、そうしましょう。いいえ、やめましょう。）

(5) Let's ＋ 命令文の否定形… **Let's＋not＋命令文(動詞の原形～)**

　　　Let's not do it together.（それを一緒にやるのは止めましょう。）

4．感嘆文…「なんて～でしょう」という驚きや喜びの気持ちを **how** または **what** で表す。

(1) 感嘆詞 **How** を使った感嘆文…後に続く**形容詞**や**副詞**の意味を強める。

　　　How＋(形容詞または副詞)＋S＋V ～!

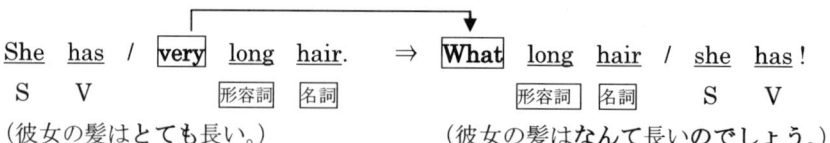

　　　（この花はとても美しい。）　　　　　（この花は**なんて**美しい**のでしょう**。）

＊感嘆文を作るには **very** の前で区切って前半と後半を入れ替えて **very** を **How** に変える。

(2) 感嘆詞 **What** を使った感嘆文…形容詞を伴った**名詞句**の意味を強める。

　　　What＋(a または an)＋形容詞＋名詞＋S＋V ～!

　　　He is / a **very** honest boy.　⇒　**What** an honest boy / he is !
　　　S　V　　形容詞　名詞　　　　　　　　形容詞　名詞　S　V
　　　（彼はとても正直な少年です。）　　（彼はなんと正直な少年**なのでしょう**。）

＊感嘆文では母音で始まる honest が冠詞の直後に続くので冠詞は **an** になる。

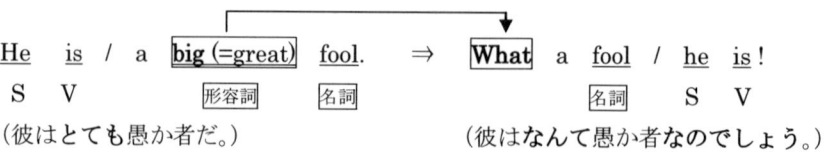

　　　（彼女の髪はとても長い。）　　　　（彼女の髪は**なんて**長い**のでしょう**。）

＊強調される名詞が数えられる名詞で単数の場合にのみ不定冠詞 **a(n)** がつく。**very** の後の語(群)に着眼して、名詞があれば **What** を、名詞がなければ **How** を使う。

(3) 特殊な感嘆文

① **How** や **What** といった感嘆詞を使わずに感嘆の意味を表す感嘆文

　　　He is / a **big (=great)** fool.　⇒　**What** a fool / he is !
　　　S　V　　形容詞　　名詞　　　　　　　　名詞　S　V
　　　（彼はとても愚か者だ。）　　　　　（彼は**なんて**愚か者**なのでしょう**。）

＊**big** が **very** と同じ役割で名詞 fool を強調しているので、**What** を使った感嘆文になる。

Unit 3

② 文としての形をとらない感嘆文

How nice to see you!（あなたにお会いできて**なんて**嬉しいのでしょう。）

What a pity he can't come!（彼が来られないなんて**なんて**残念なのでしょう。）

Ⅱ．文の構造

「S+V」の組み合わせが1つだけなのが**単文**、2つ以上の「S+V」の組み合わせが等位接続詞で結ばれているのが**重文**、2つ以上の「S+V」の組み合わせが従属接続詞、疑問詞、関係詞などで結ばれているのが**複文**である。

1．単文 $\boxed{S+V}$ …ただ1組の「S+V」から成り立つ文で、等位節や従属節を含まない。

　　<u>Collecting stamps</u>　<u>is</u>　<u>my hobby</u>.（切手収集が私の趣味である。）
　　　　　　S　　　　　　V　　　　C

2．重文 $\boxed{S+V}$ + $\boxed{等位接続詞}$ + $\boxed{S+V}$ …2組以上の「S+V」が対等な関係で、等位接続詞で結ばれている。対等な関係で結ばれている「S+V」を**等位節**という。等位接続詞は1語のものでは、**and, but, for, or(nor), so, yet** だけである。

　　<u>She</u>　<u>lives</u>　in the city,　**but**　<u>she</u>　<u>prefers</u>　<u>the country</u>.
　　　S　　　V　　　　　　　　　等位接続詞　S　　　V　　　　O

　　（彼女は都会に住んでいる。しかし、彼女は田舎の方が好きだ。）

3．複文 $\boxed{S+V}$ + $\boxed{従属接続詞}$ + $\boxed{S'+V'}$ …1つの主節と従属接続詞で結ばれた1つ以上の従属節（名詞節・形容詞節・副詞節）から成立する。

　　Although　<u>she</u>　<u>lives</u>　in the city,　<u>she</u>　<u>prefers</u>　<u>the country</u>.
　　従属接続詞　　S'　　V'　　　　　　　　　　S　　　V　　　　O

　　（彼女は都会に住んでいるけれども、彼女は田舎の方が好きだ。）

(1) 従属節 $\boxed{S'+V'}$ が**名詞節**の文

　　　　（仮主語）　　　　　　　　　（真主語）名詞節
　　<u>It</u>　<u>is</u>　<u>important</u>　that　<u>you</u>　<u>should face</u>　<u>a challenge</u>.
　　　S　V　　C　　　　　　　　S'　　　V'　　　　　O'　（難題に挑戦することは大切だ。）

＊主語が長いために、形式的な主語である**仮主語 It** を文頭に置いて**真主語**を後にまわす構文である。It が指す that 以下が**真主語**で、名詞の役割をしている。

(2) 従属節 $\boxed{S'+V'}$ が**形容詞節**の文

　　　　　　　　　　形容詞節
　　<u>Those (=people)</u>　<u>who</u>　<u>want</u>　<u>tickets</u>　<u>must stand</u>　in a line.
　　　　　S　　　　　　　S'　　　V'　　　O'　　　　V

　　（チケットが欲しい人は並ばなければならない。）

(3) 従属節 $\boxed{S'+V'}$ が**副詞節**の文

　　　　　副詞節
　　When <u>he</u> <u>called</u> <u>me</u>,　<u>I</u>　<u>was reading</u>　<u>a magazine</u>　in the living room.
　　　　　　S'　V'　　O'　　S　　　V　　　　　O

　　（彼が私に電話をくれた時、私は居間で雑誌を読んでいた。）

Unit 3 Exercises

1 ( ) に入る適語を選び、〇で囲みなさい。
1) (Let's, Let, You, Be) watch your step.
2) There (is, are, was, were) nobody else in the living room that morning.
3) Do me a favor, (don't me, will me, shall you, will you) ?
4) She (has arrived, hasn't arrived, arrived, didn't arrive) , nor has her sister.
5) Is that (why, which, what, who) Japanese people eat more rice than the Westerners?

2 ( ) に適語を入れて、日本文に合う英文を完成させなさい。
1) "Don't you like spy movies?" "(   ), I (   )". （いいえ、好きです。）
2) Not (   ) man can be a musician.   （誰もが音楽家になれるわけではない。）
3) Let's play together, (   ) (   ) ?   （一緒にやりましょうね。）
4) (   ) wants to do that?   （誰もそうしたいとは思わない。）
5) (   ) a fool I was!   （なんて馬鹿だったのでしょう！）

3 間違っている箇所に下線をひいて、適切な形に直したものを（ ）に入れなさい。
1) Your uncle lives here, does he?   (   )
2) How tall is her brother!   (   )
3) Let's me do it!   (   )
4) Stephen enjoyed skating, did he?   (   )
5) How a pity you can't join us!   (   )

4 各指示に従って、文を書き直しなさい。
1) You are so noisy.（否定の命令文）⇒

2) He has <u>five</u> classes every day.（下線部を問う疑問文）⇒

3) I want some milk in my tea.（否定文）⇒

4) She is a very attractive girl.（感嘆文）⇒

5) He recovered himself very quickly.（感嘆文）⇒

Unit 4　名詞

名詞は人や事物の名前を表す語で、**数えられる名詞**(=Countable Noun)と数えられない名詞(=Uncountable Noun)に分けられる。また、その表す意味によって、「**普通名詞**」・「**集合名詞**」・「**物質名詞**」・「**抽象名詞**」・「**固有名詞**」に分類される。

Ⅰ．数えられない名詞

原則単数形で表し、「**物質名詞**」・「**抽象名詞**」・「**固有名詞**」に分類される。

１．**物質名詞**…一定の形を持たない物質の名前を表す。一定の量を表す表現の中の「数えられる名詞」を複数形にして、複数の意味を表す。

> air　bread　butter　coffee　milk　money　paper　rain　sugar　tea　water

(1) 不定の量の表現… little　some　any　much　a lot of 　などと一緒に使われる。

　　He has a lot of <u>work</u> to do today.（彼は今日たくさんの<u>仕事</u>を抱えている。）

　　His *<u>works</u> are wonderful.（彼の<u>作品</u>はすばらしい。）＊この意味では数えられる名詞になる

(2) 一定の量の表現

① 容器で表す場合　　a bottle of ～/ a cup of ～/ a glass of ～/ a spoonful of ～

② 形状を表す語を用いる場合　　a cake of ～/ a piece of ～/ a sheet of ～/ a slice of ～

③ 単位で表す場合　　a gram of ～/ a pound of ～/ a ton of ～

２．**抽象名詞**…具体的な形を持たない**性質・状態・観念**などの名前を表す。

> advice　beauty　danger　hope　happiness　kindness　love　peace　success

　　Thank you for your **kindness.**（ご親切にありがとう。）

３．**固有名詞**…特定の人や事物が持つ名前や地名・国名などを表す。原則冠詞がつかない。

> Bob　Shakespeare　Broadway　Tokyo　Boston　Oxford　America　England

　　New York is an exciting place.（ニューヨークはエキサイティングな場所だ。）

★例外的に **the** や **s** をつける固有名詞

交通機関	the Super-express Hayabusa（新幹線はやぶさ号）　　the Ginza Line（銀座線）
出版物	the New York Times（ニューヨークタイムズ紙）　　the Bible（聖書）
公共物	the White House（ホワイトハウス）　　the Tokyo Tower（東京タワー）
山脈・群島	the Alps（アルプス山脈）　　the Philippines（フィリピン諸島）
家族	the Smith<u>s</u>（スミス家の人々）　　the Yamada<u>s</u>（山田家の人々）
河川・海・運河・砂漠	the Thames（テムズ川）　the Pacific（太平洋）　the North Sea（北海）　the Suez Canal（スエズ運河）　the Sahara（サハラ砂漠）

Ⅱ．数えられる名詞

１．**普通名詞**…同じ種類の人・事物に共通な名前を表す。単数形と複数形があり、単数形に **a/an** を、複数形は語尾に s をつけるが、語形が**規則または不規則変化**するものがある。

(1) 複数形の作り方　─　規則変化

① 語尾が ch, s, sh, x　⇒　es を付ける　　発音は[iz]　　＊（例外　stomach<u>s</u>）
　　church<u>es</u>　watch<u>es</u>　bus<u>es</u>　glass<u>es</u>　brush<u>es</u>　dish<u>es</u>　box<u>es</u>　fox<u>es</u>

② 語尾が 子音+o　⇒　es を付ける　　＊（例外　bamboo<u>s</u>　piano<u>s</u>　photo<u>s</u>　radio<u>s</u>）

Unit 4

    echo<u>es</u> hero<u>es</u> potato<u>es</u> tomato<u>es</u>

③ y の前が子音の場合　⇒　y を i に変えて、es を付ける

   baby ⇒ bab<u>ies</u> city ⇒ cit<u>ies</u> country ⇒ countr<u>ies</u> fly ⇒ fl<u>ies</u>
   lady ⇒ lad<u>ies</u> library ⇒ librar<u>ies</u>
   注意！y の前が母音の場合にはそのまま s を付ける。 boy<u>s</u> day<u>s</u> monkey<u>s</u> toy<u>s</u>

④ 語尾が f, fe ⇒ f, fe を ves に変える *(例外　belief<u>s</u>　chief<u>s</u>　cliff<u>s</u>　roof<u>s</u>　safe<u>s</u>)

   leaf ⇒ lea<u>ves</u> thief ⇒ thie<u>ves</u> knife ⇒ kni<u>ves</u> life ⇒ li<u>ves</u> wife ⇒ wi<u>ves</u>

⑤ 上記以外は普通に語尾に s をつける

   ball<u>s</u> camera<u>s</u> dog<u>s</u> egg<u>s</u> friend<u>s</u> hat<u>s</u> letter<u>s</u> mountain<u>s</u> pencil<u>s</u>

(2) 複数形の作り方 ― 不規則変化

① 母音変化によるもの

   foot ⇒ feet tooth ⇒ teeth goose ⇒ geese man ⇒ men mouse ⇒ mice
   woman ⇒ women

② 語尾変化によるもの   child ⇒ children ox ⇒ oxen

③ 単複同型 carp deer salmon sheep yen English French Japanese

④ 合成語…名詞的要素が強い方が複数形になる。

   sister-in-law ⇒ sister<u>s</u>-in-law looker-on ⇒ looker<u>s</u>-on passer-by ⇒ passer<u>s</u>-by

⑤ 意味によって複数形が異なる名詞 cloth(布) ⇒ cloth<u>s</u>(布) / clothes(服)

⑥ 常に複数形で用いられる名詞 ― 2つの部分からなる1つの製品

   glasses (めがね) gloves (手袋) scissors (はさみ) shoes (靴) socks (ソックス)

2. 集合名詞… 一つの集合体を表す名詞である。

  audience class committee crew crowd family police staff team

(1) 集合体全体を1つのものと考える場合

   There was a large **audience** in the theater.（その劇場には大勢の観客がいた。）
   His **family** is a big one. = He has a large **family**.（彼の家族は大家族だ。）
   Six ***families** live in this apartment house.（このアパートには6家族が住んでいる。）

*集合体 family が6個あるという複数の意味を持つために、family が複数形になっている。

(2) 集合体の構成員の一つ一つを考える場合…動詞や代名詞などに注意する。

   My **family** (= family members) <u>are</u> all cheerful.（私の家族は皆陽気だ。）
   The **audience** clapped <u>their</u> hands.（聴衆は拍手した。）

(3) 常に複数扱いの集合名詞

   The **police** are examining the case.（警察がその事件を調べている。）
   The **cattle** are eating grass.（牛の群れが草を食べている。）

(4) 注意すべき集合名詞…people は「人々」という意味では形は単数形で複数扱いだが、
  「国民・民族」という意味の場合には普通名詞と同じように扱い、単数・複数形がある。

   Many **peoples** are suffering from poverty.（多くの<u>民族</u>が貧困に苦しんでいる。）
  cf. Many **people** enjoyed the festival.（多くの<u>人々</u>がその祭りを楽しんだ。）

Unit 4 Exercises

1 (　) に入る適語(句)を選び、○で囲みなさい。
1) Now I have to buy (salt, a salt, the salt).
2) The police (am, is, are) investigating the accident.
3) He caught five (fish, fishs, fishes).
4) She always wears American-style (cloth, a cloth, clothes).
5) Sam is studying at (Austria university, an Austria university, an Austria University).

2 (　) に適語を入れて、日本文に合う英文を完成させなさい。
1) My family (　　　) all music (　　　).　　　(私の家族は皆音楽が大好きだ。)
2) He brought three (　　　) with him.　　　(彼はナイフを3本持ってきた。)
3) There are two (　　　) (　　　) in that area. (その地域には2つの男子校がある。)
4) I had (　　　) (　　　) (　　　) tea yesterday. (私は昨日紅茶を3杯飲んだ。)
5) This printer is just out of (　　　).　　　(このプリンターは単に用紙切れだ。)

3　間違っている箇所に下線を引いて、適切な形に直したものを (　) に入れなさい。
1) He gave me some good advices.　　　　　　　　(　　　　　)
2) There were lots of mouses in the old house.　　　　(　　　　　)
3) Happinesses for me is to spend time with my family.　(　　　　　)
4) We had a ten-minutes break.　　　　　　　　　(　　　　　)
5) They had a lot of homeworks.　　　　　　　　　(　　　　　)

4　次の語句を並び替えて、文を完成しなさい。(但し文頭に来る語は大文字に変えなさい。)
1) Mao Asada / future / be / to / the / wish / a / I / in / .

2) strawberry / and / he / two / milk / of / slices / toast / of / jam / glass / had a / with / .

3) tourist / is / location / spot / movie / a / the / popular / .

4) that / four / with / a family / pizza / feed / or / toppings / big / many / will / of / three / .

5) attractive / why his / at / explains / look / is / its / country / history / and / brief / a / so unique / .

Unit 5　冠詞

　冠詞は必ず名詞句の先頭につき、形容詞の一種とも言える。不特定のものを表す**不定冠詞 a, an** と特定のものを表す**定冠詞 the** がある。

１．不定冠詞 a/an…子音の前では[ə]、母音の前では[ən]と発音する。強調する場合は強形をとり、[ei]や[æn]と発音する。

| 子音で始まる数えられる単数名詞の前につく | **a** uniform, **a** bag, **a** table, **a** picture |
| 母音で始まる数えられる単数名詞の前につく | **an** umbrella, **an** orange, **an** ax, **an** hour* |

＊頭語の h が発音されない場合も an である。

(1)「一つの」

　　She ate **a** banana and **an** apple.
　　（彼女はバナナ一本とリンゴ一個を食べた。）

(2) 種類全体「〜というもの」(= any)

　　A horse is a beautiful animal.
　　（馬というものは美しい動物だ。）

(3)「〜につき」(= per)

　　The speed limit is 30 miles **an** hour.
　　（スピード制限は時速 30 マイルだ。）

(4)「〜のような人、〜という人、〜家の人」

　　She wants to be **a** Madonna.
　　（彼女はマドンナのような人になりたい。）

　　A Mr. Smith has come to see you.
　　（スミスさんという方がお見えになってます。）

　　He is **a** Simpson.
　　（彼はシンプソン家の人だ。）

(5) 人の外見や特徴

　　Susan is **a** nice-looking lady.
　　（スーザンは素敵な女性である。）

(6) 人の職業

　　He is **a** doctor and his wife is **a** dentist.
　　（彼は医者で、妻は歯科医である。）

２．定冠詞 the…特定の名詞を表す場合に用いられ、単数にも複数にも使う。子音の前では[ðə]と発音し、母音の前では[ði]と発音する。

(1) ただ１つしか存在しない名詞

　　e.g.　**the** earth,　**the** moon,　**the** sun,　**the** world

　　New York is one of the most exciting cities in **the** world.
　　（ニューヨークは世界で最もエキサイティングな都市のひとつです。）

Unit 5

(2) 前に1度出てきた名詞

　　　There is a photo on the wall.　**The** photo was taken by him.

　　　（壁に一枚の写真が貼ってある。その写真は彼によって撮られた。）

(3) その場の状況で何を指すかわかっている名詞

　　　Could you please open **the** window?

　　　（その窓を開けていただけますか？）

＊話し手と聞き手の間に共通理解があり、どの窓を指すか分かっている状況である。

　　　cf. Could you please open **a** window?

　　　（窓を開けていただけますか？）

＊不定冠詞 **a** があるので、2つ以上ある窓のどの窓でも良いことを意味している。

(4) 最上級の形容詞や序数などがついた名詞

　　　Summer is **the** hottest season of the year.

　　　（夏は1年で最も暑い季節である。）

(5) 形容詞句・形容詞節で限定された名詞

　　　The garden of that house is beautiful.

　　　（あの家の庭は美しい。）

(6) 単数普通名詞と一緒になって種類全体を表し、「～というもの」という意味になる。

　　　The lion is a fierce animal.

　　　（ライオンは猛獣である。）

＊文語的で科学記事や論文などにみられる表現である。不定冠詞 a/an や複数形を用いて同じ意味を表すこともできる。複数形を用いたものが口語的で、最も一般的である。

　　　cf.　**A** lion is a fierce animal.　　Lions are fierce animals.

(7) 形容詞と一緒になって「人を表わす複数名詞」の意味になる。

　　　the rich=rich people（富裕者達）

　　　the poor=poor people（貧者達）

　　　the old=old people（老人）

　　　the young=young people（若者）

　　　the wounded=wounded people（負傷者達）

(8) 形容詞と一緒になって「抽象名詞」の意味になる。

　　　the known（既知のこと）/　**the** unknown（未知のこと）/　**the** true（真）

(9) 身体の一部をさすための用法…英語独特の慣用表現で、誰の体の一部なのかが明白な場合には代名詞の所有格を使わずに定冠詞 the を用いる。

　　e.g.　**the** cheek、**the** nose、**the** face

　　　He has pains in **the** back.（彼は背中に痛みがある。）

　　　I caught her by **the** hand.（私は彼女の手をつかまえた。）

　　　She took me by **the** arm.（彼女は私の腕をとった。）

Unit 5 Exercises

1 (　) に入る適語を選び、〇で囲みなさい。(×は適語不要)
1) Could you tell me (a, an, the, ×) way to the post office?
2) That is a bird seen near (a, the, its, ×) Shinano River.
3) They are going to travel around Kyushu by (a, the, their, ×) train.
4) I went to France with (a, the, my, ×) friend of mine last week.
5) Kourakuen is (a, an, the, ×) home of the Giants baseball team.

2 (　) に適語を入れて、日本文に合う英文を完成させなさい。
1) You'll win (　　　) scholarship.　　　　　(君は奨学金を得るだろう。)
2) I read the headline, but not (　　　) article. (見出しは読んだけど記事はまだ。)
3) He reads three books (　　　) week.　　　(彼は1週間に3冊本を読む。)
4) I want to study at (　　　) Ivy League school. (私はアイビーリーグで学びたい。)
5) She is concerned about (　　　) poor. (彼女は貧しい人達を気にかけている。)

3 　間違っている箇所に下線をひいて、適切な形に直したものを (　　) に入れなさい。
1) He is an only son in his family.　　　　　　　　(　　　　　)
2) There is the computer on the desk.　　　　　　(　　　　　)
3) She knows a name of that shop.　　　　　　　(　　　　　)
4) I want you to become Ichiro in the future.　　　(　　　　　)
5) We went to the church to say our prayers to God.　(　　　　　)

4 　次の語句を並び替えて、文を完成しなさい。但し、文頭に来る語を大文字にしなさい。
1) the / week / goes / pool / to / once / he / swimming / a / .

2) English / a / communication / is / think / of / means / I / .

3) Harvard / of / fees / worried / University / is / about / she / the / .

4) beautiful / is / writer / song / of / the singer / this / he / and / .

5) present / and / teacher / as / bought / a cup / we / saucer / for / a / our / birthday / .

Unit 6　代名詞

　代名詞は文字通り「名詞の代わりをする詞」で、同じ名詞の繰り返しを避けるために使われる。形式主語や名詞の代理などの様々な働きをする。「人称代名詞」・「指示代名詞」・「不定代名詞」・「疑問代名詞」・「関係代名詞」の５種類がある。

１．**人称代名詞**…１人称(話し手)・２人称(聞き手)・３人称(話題に上る人や事物)の区別を表し、人称・数・格・性によって変化する。所有代名詞や再帰代名詞も含まれる。

(1) 人称代名詞の格

① **主格**…文の主語・主格補語や、その同格に用いられる。
　　Last night **I** met Susie in a pub.　**She** was so friendly.
　　(昨夜私はパブでスージーに会った。彼女はとても親しみやすかった。)

② **所有格**…後ろに必ず名詞を伴って、所有・主格関係・目的格関係などを表す。
　　My brother lost **his** purse.　(私の兄は彼の財布をなくした。)

③ **目的格**…動詞及び前置詞の目的語になる。
　　Mr. & Mrs. Brown were free and I went to the theater with **them** yesterday.
　　(昨日ブラウン夫妻は暇だったので、私は彼らと劇場に行った。)

(2) 所有代名詞(=所有格＋名詞)…「～のもの」という所有の意味で、所有格と名詞の繰り返しを避ける場合に用いられる。
　　Those small shoes are **hers** (= **her** shoes).　(その小さな靴は彼女のものです。)

(3) 人称代名詞の格変化…文中での働きによって代名詞の形が変化する。

	主格(～は,が)	所有格(～の)	目的格(～を, に)	所有代名詞(～のもの)
１人称単数	I	my	me	mine
１人称複数	we	our	us	ours
２人称単/複数	you	your	you	yours
３人称単数	he she it	his her its	him her it	his hers ／
３人称複数	they	their	them	theirs

＊it に対する所有代名詞は存在しない！

(4) 再帰代名詞…「～自身」の意味で、人称代名詞の所有格か目的格に-self(単数形)、または-selves(複数形)をつけたもので、一般形は oneself で表す。動詞の主語と目的語が同じ人や物を指す場合に目的語に用いる「再帰用法」と、主語・目的語・補語と同格に用いてその語を強める「強意用法」がある。

人称	単数	複数
１人称	myself	ourselves
２人称	yourself	yourselves
３人称	himself / herself / itself	themselves

Unit 6

① 再帰用法
  Take care of **yourself**. (お体に気をつけて。) *主語 You が省略された命令文
② 強意用法
  I spoke to the president **himself**, not his staff. (社員ではなく社長本人と話をした。)
③ 慣用句
  She visited Europe **by herself**. (彼女は<u>一人で</u>ヨーロッパを訪れた。)
  You must do it **for yourself**. (あなたはそれを<u>独力で</u>しなければならない。)
  Suddenly the door opened **of itself**. (突然ドアがひとりでに開いた。)

２．指示代名詞…人や物をはっきりと指し示す代名詞で、this、these、that、those、same、such などがある。this、these、that、those、same、such は形容詞としても用いられる。

(1) this、these（this の複数形）、**that、those**（that の複数形）

① 場所・時間…**this** と **these** は近いものを、**that** と **those** は遠いものを指す。
  That morning was cold but **this** morning is not. (あの日の朝は寒かったが今朝は違う。)
  These days cars are not so popular. (最近、車はあまり人気が無い。)
  In **those** days cars were so popular. (当時、車はとても人気があった。)

② 前述の内容を指す **this、that**…先に述べられた文、節や句の代わりに用いられる。
  She wants to be a lawyer. **That** is why she is a hard worker.
  (彼女は法律家になりたい。そういうわけで勤勉家である。)
  I tried to memorize all the idioms in the book, but **this** was difficult.
  (その本の中のすべてのイディオムを暗記しようと思ったが、これは難しかった。)

③ 後述の内容を指す **this**…これから述べようとする文を指す。
  I'm going to tell you **this** ― I'll never help you if you don't change your attitude.
  (これだけは言っておくが、態度を改めなければ決してあなたを助けないよ。)

④ 前者と後者を意味する **this、that**…前に出てきた語(句)の代わりに用いられる。this は近いものを指すので「後者」の、that は遠いものを指すので「前者」の意味になる。
  She bought a red dress and a blue one; **this** (=a blue one) was the right size, but
  that (=a red dress) was not her size. (彼女は赤のドレスとブルーのドレスを買った。
  後者(ブルーのドレス)はサイズが合ったが、前者(赤のドレス)はサイズが合わなかった。)

⑤ 「**the** または代名詞の所有格＋名詞」の代わりに用いられる **that、those**
  The climate of Brighton is warmer than **that**(=the climate) of London.
  (ブライトンの気候はロンドンの気候よりも暖かい。)

⑥ 「〜する人々」の意味を表す **those**…people の代わりに those who〜の形で使われる。
  Heaven helps **those** (=people) who help themselves. (天は自ら助くる者を助く。)

(2) same、such

① 「同じこと(もの)」の意味を表す **same**
  He bought <u>a bottle of wine</u>. I did **the same**. (彼はワインを一本買った。私も買った。)

② 「そのような事、物、人」の意味を表す **such**

Unit 6

She is a warm-hearted person.　You can't often meet such.
（彼女は心の温かい人だ。そのような人にはめったに出会えない。）

３．不定代名詞…不特定な人やものを指し示す代名詞で、大部分は名詞を修飾する形容詞としての用法を持ち、名詞の前につけることができる。

(1) one

① 「数えられる名詞」の代わり　one ← a(n)＋単数普通名詞…前に出てきた不特定で単数形の「数えられる名詞」の反復を避けるために用いられる。

　　She has a pen. I have **one** (=a pen).（彼女はペンを持ってます。私も持っています。）

＊前に出てきた**特定**の単数形の「数えられる名詞」の反復を避けるために用いられる **it** との違いに注意する。it は修飾語も含めた名詞句の代替えとなる。

★one は修飾語がつく場合には、普通名詞と同じように冠詞がつき、複数形 **ones** にもなる。

　　These photos are more interesting than the **ones**(=photos) I saw yesterday.
　　（これらの写真は昨日見た写真よりも面白い。）

② 「一般の人」を漠然と指す…文語的表現では one を「一般の人」の意味で用い、口語的表現では we、you、they などを通常用いる。

　　One should never give up **one's** dreams.（夢を決してあきらめるべきではない。）

(2) other, another…形容詞的にも使われる。

① other …「もう一方の物や人」という意味になる。

　　I am interested in two languages. **One** (language) is English and **the other** (language) is French.（2言語に興味がある。1つは英語でもう1つは仏語だ。）
　　Some (people) say "Yes" and **others** (=other people) say "No."
　　（「はい」と言う人もいれば、「いいえ」と言う人もいる。）

② another 不定冠詞 an＋other …「もう一つの/別の物・人」という意味になる。

　　This jacket isn't my taste. Could you show me **another** (jacket)?
　　（このジャケットは好みじゃありません。別のものを見せていただけませんか？）

(3) either, neither…単数扱いで、単数名詞と共に用いられる。

① either …「どちらかが … である」

　　Either of you can join us.（あなた方のどちらかが参加できる。）

② neither …「どちらも… でない」

　　Neither of you can join us.（あなた方のどちらも参加できない。）

(4) 複合不定代名詞 every-, some-, any-, no- ＋ -one, -body, -thing …この組み合わせでできた不定代名詞はすべて単数扱いである。人を表す-one と -body では -body の方が口語的で、some- と any- が付く代名詞は some と any の用法と同じ扱いである。形容詞や不定詞（形容詞的用法）などの修飾語句は後に続く。　　　　　　＊"no one" は2語である。

人	everyone	someone	anyone	*no one
	everybody	somebody	anybody	nobody
物	everything	something	anything	nothing

Unit 6

I want to buy **something** nice for her.（彼女のために何か素敵なものを買いたい。）
　　　　　　　　　↑──形容詞

4．疑問代名詞…疑問を表す代名詞で単複同形である。**who、which、what** の３語がある。

格変化表

	主格（〜は、〜が）	所有格（〜の）	目的格（〜を）
人	who	whose	whom
人・物	which	―	which
人・物	what	―	what

(1) who

　　Who went shopping with her?（誰が彼女と一緒に買い物に行ったのですか？）
　　　S　　V　　　　　　　　　　　　　　　　　　　　　　　　　　　　　　　主格主語

　　Who is that lady?（あの女性は誰ですか？）
　　　C　V　　S　　　　　　　　　　　　　　　　　　　　　　　　　　　　　主格補語

　　Whose is this key?（この鍵は誰のですか？）
　　　C　　V　　S　　　　　　　　　　　　　　　　　　　　　　　　　　　　所有格

　　＊**Who**(=**Whom**) did you invite to your party?（パーティに誰を招待したのですか？）
　　　O　　　　　　　S　　V　　　　　　　　　　　　　　　　　　　　　　目的格

　　　　＊口語では whom が文頭に来る場合には代わりに who が用いられることが多い。

(2) which…答える範囲、選択肢が狭く限定されて、答える側は選ぶ対象が分かっている。

　　Which is more expensive, this or that?（これとあれではどちらが高価格ですか？）
　　　S　　V　　　C　　　　　　　　　　　　　　　　　　　　　　　　　　主格

　　Which do you like better, summer or winter?（夏と冬ではどちらが好きですか？）
　　　O　　　　S　　V　　　　　　　　　　　　　　　　　　　　　　　　　目的格

(3) what…答える範囲や選択肢が広く、限定されていないので、選ぶ対象を自分で決める。

　　What happened to you?（あなたに何が起こったの？＝どうしたの？）
　　　S　　V　　　　　　　　　　　　　　　　　　　　　　　　　　　　　　主格主語

　　What exactly is your job?（あなたはどんな仕事をしているのですか？）
　　　C　　　　　　V　S　　　　　　　　　　　　　　　　　　　　　　　　主格補語
　　　└────V────┘

　　What are you going to do today?（あなたは今日何をする予定ですか？）
　　　O　　　　S　　　　　　　　　　　　　　　　　　　　　　　　　　　　目的格

(4) 形容詞的用法　whose、which、what ＋ 名詞 …（だれの〜、どちらの〜、どんな〜）

　　Whose handkerchief is this?（これは誰のハンカチですか？）

　　Which book do you want to read?（どちらの本を読みたいですか？）

　　What book do you want to read?（どんな本を読みたいですか？）

　　　　＊通常少数の中から選ぶのが which で、多数の中から選ぶのが what である。

Unit 6 Exercises

1 （ ）に入る適語を選び、○で囲みなさい。
1) He has two sons; one is in Tokyo and (other, the other, an other, another) is in Aomori.
2) His behavior is not (one, that, these, those) of a gentleman.
3) That park is famous for (a, one, its, it's) beautiful garden.
4) The oranges in this box are bigger than (other, others, these, those) in that box.
5) I don't like this shirt. May I see (one, other, another, it) ?

2 （ ）に適語を入れて、日本文に合う英文を完成させなさい。
1) Her house has a chimney on (   ) roof.   （彼女の家には煙突がある。）
2) I am in (   ) junior year at Boston.   （私はボストン大学の３年生だ。）
3) We really enjoyed (   ) last night.   （昨夜私達は本当に楽しんだ。）
4) How far is (   ) to the station?   （駅まではどのくらいの距離ですか？）
5) He wants to do it (   ).   （彼は一人でそれをやりたい。）

3 間違っている箇所に下線をひいて、適切な形に直したものを（   ）に入れなさい。
1) We should help these who are lonely and poor.   (   )
2) Some are yellow and other ones are red.   (   )
3) I don't like a big dog. I like small one.   (   )
4) He bought two ties 5 years ago and still loves it.   (   )
5) She has three cats; one is white and another are black.   (   )

4 次の語句を並び替えて、文を完成しなさい。但し文頭に来る語は大文字で始めなさい。
1) that one / more / this / than / is / expensive / scarf / .

2) you / anything / let / if / need / me / know / .

3) where is / their / but / rackets / are / mine / here / ?

4) same / work / section / started / this / on / day / to / the / in / they / .

5) families / another / they / live / twenty / in / well / and / this / know / house / apartment / one / .

Unit 7　形容詞

　形容詞には、名詞を修飾する「**限定用法**」と補語になる「**叙述用法**」の 2 つの用法がある。多くは両方の用法を持つが、どちらか一方の用法しか持たないものもある。

1．**限定用法**…通常は修飾する語の前に来るが、形容詞が他の語と結合して語群になると後に置かれる。複合不定代名詞を修飾する場合にはその直後に置かれる。**only**、**main**、**mere**、**elder** は限定用法にのみ使われる。

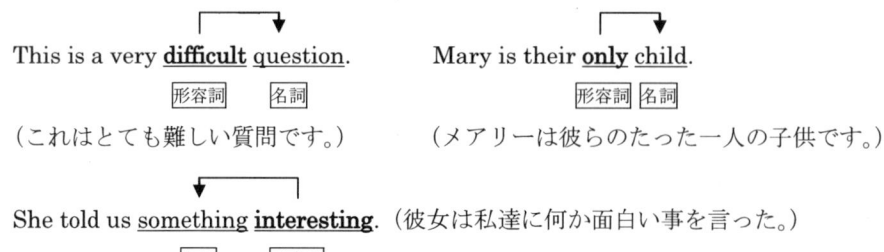

　　　This is a very **difficult** question.　　　Mary is their **only** child.
　　　　　　　　形容詞　　名詞　　　　　　　　　　　　　形容詞 名詞
　　　（これはとても難しい質問です。）　　　　（メアリーは彼らのたった一人の子供です。）

　　　She told us something **interesting**.（彼女は私達に何か面白い事を言った。）
　　　　　　　　　　　名詞　　　形容詞

2．**叙述用法**…SVC 文型や SVOC 文型で形容詞が主格補語や目的格補語として用いられる。
afraid、**alike**、**alive**、**alone**、**ashamed**、**asleep**、**awake**、**aware** は叙述用法だけで使われる。

　　　This question is very **difficult**.（この質問はとても難しいです。）
　　　　　　S　　V　　　C 主格補語

　　　He felt **ashamed** of his behavior.（彼は自分の行動を恥ずかしいと思った。）
　　　　S　V　　C 主格補語

　　　We found her **awake**.（私達は彼女が目覚めたのに気づいた。）
　　　　S　 V　　O　C 目的格補語

3．**数量を表す形容詞**

(1) 　many　some　a few　few 　…数えられる名詞の複数形について「**数**」を表す。
a few は肯定的な表現で「少しはある」、few は否定的な表現で「少ししかない、ほとんどない」という意味になる。口語では many の意味で **quite a few** がよく使われる。

　　　There are **many** hospitals in the town.（その町にはたくさん病院がある。）
　　　There are **some** hospitals in the town.（その町にはいくつか病院がある。）
　　　There are **a few** hospitals in the town.（その町には 2～3 件病院がある。）
　　　There are **few** hospitals in the town.（その町には病院がほとんどない。）

(2) 　much　some　a little　little 　…数えられない名詞につく形容詞で「**量**」を表す。
a little は「少しはある」という肯定的な表現で、little は「少ししかない、ほとんどない」という否定的な表現である。much、a little、little は副詞としても使われる。

　　　There is **much** water in the pot.（ポットにはたくさん水がある。）
　　　There is **some** water in the pot.（ポットにはいくらか水がある。）
　　　There is **a little** water in the pot.（ポットには少しだけ水がある。）
　　　There is **little** water in the pot.（ポットにはほとんど水がない。）

Unit 7

4．数詞…決まった数や順序など数的な関係を表す。**基数詞**と**序数詞**がある。
(1) **基数詞**… 個数を表す。

1 one	6 six	11 eleven	16 sixteen	30 thirty	80 eighty
2 two	7 seven	12 twelve	17 seventeen	40 *forty	90 ninety
3 three	8 eight	13 thirteen	18 eighteen	50 fifty	100 hundred
4 four	9 nine	14 fourteen	19 nineteen	60 sixty	
5 five	10 ten	15 fifteen	20 twenty	70 seventy	*スペルに注意

＊21以上は10の位と1の位との間をハイフンで結ぶ。　e.g. twenty-one, thirty-two
＊101以上の読み方に注意する。桁が多い場合にはカンマ(,)で一区切りにして読む。

　　　　107　 one hundred (and) seven
　　　3,256　 three thousand, two hundred (and) fifty-six
　　 48,719　 forty-eight thousand, seven hundred (and) nineteen
　　813,562　 eight hundred (and) thirteen thousand, five hundred (and) sixty-two
　2,631,401　 two million, six hundred (and) thirty-one thousand, four hundred (and) one

① 年号　　　1996 = nineteen ninety-six　　　　2010 = two thousand ten
　　e.g. 平成20年 = the twentieth year of Heisei　　＊序数詞を用いることに注意する。
② 時刻　　　5時30分 = five thirty,　half past (after) five
　　　　　　7時45分 = seven forty-five,　quarter to (of) eight
③ 金額　　　¥300 = three hundred yen　　　$ 6.20 = six dollars (and) twenty (cents)
　　　　　　£ 9.10 = nine pounds (and) ten (pence)
④ 小数　　　11.207 = eleven point two zero seven
⑤ 電話番号　5680-3712 = five six eight zero, three seven one two

(2) **序数詞**…原則として the をつける。　　　e.g. the second batter

1 first	6 sixth	11 eleventh	16 sixteenth	30 thirtieth	80 eightieth
2 second	7 seventh	12 twelfth	17 seventeenth	40 fortieth	90 ninetieth
3 third	8 eighth	13 thirteenth	18 eighteenth	50 fiftieth	100 hundredth
4 fourth	9 ninth	14 fourteenth	19 nineteenth	60 sixtieth	
5 fifth	10 tenth	15 fifteenth	20 twentieth	70 seventieth	

＊2語以上は最後だけを序数詞にする。　第126番目 the one hundred (and) twenty-**sixth**
① 日付　7月14日 = the **fourteenth** of July(英語)/July **fourteen**, July the **fourteenth**（米語）
② 分数… 分子が2以上なら分母を複数にする。分母のみ序数詞である。

　　$\frac{1}{2}$= a half, one half　　　$\frac{1}{4}$= a quarter, one-fourth　　　$4\frac{2}{3}$= four and two-thirds

③ 称号　　　Elizabeth Ⅱ = Elizabeth **the Second**（エリザベス2世）

5．漠然と多数を表す表現
　　hundreds of ～（数百人の～）/ **thousands of** ～（数千人の～）/ **millions of** ～（数百万人の～）

Unit 7　Exercises

1　(　) に入る適語を選び、○で囲みなさい。
1) There is (a few, a little, a number of, a great few) water in the pot.
2) She was (late, later, latest, lately) for the meeting.
3) That old cat is still (live, lived, liven, alive).
4) I bought a lot of oranges in a (woods, woody, wooded, wooden) box.
5) We found a (love, lovely, loved, loving) English garden in Karuizawa.

2　(　) に適語を入れて、日本文に合う英文を完成させなさい。
1) The (　　　) president is Mr. Sato.　　　　　　　　(今の社長は佐藤氏だ。)
2) There is (　　　) time left.　　　　　　　　　　　　(残された時間はほとんどない。)
3) I want to work in (　　　) place.　　　　　　　　　(どんなところでも働きたい。)
4) Children are (　　　).　　　　　　　　　　　　　　(お子様歓迎。)
5) Sam and Bill are very much (　　　).　　　　　　　(サムとビルは大変似ている。)

3　間違っている箇所に下線をひいて、適切な形に直したものを (　) に入れなさい。
1) She looked nicely in her new dress.　　　　　　　　(　　　　　)
2) I saw something interested on TV last night.　　　　(　　　　　)
3) This tomato soup tastes well.　　　　　　　　　　　(　　　　　)
4) We don't have many work to do today.　　　　　　　(　　　　　)
5) He'll get good quite soon.　　　　　　　　　　　　(　　　　　)

4　次の語句を並び替えて、文を完成しなさい。但し、文頭に来る語を大文字にしなさい。
1) out / sure / close / going / to / be / window / before / the / .

2) him / happened / seems / serious / that / something / it / to / .

3) English / me / tall / helped / that / gentleman / .

4) computer / there / wrong / is / this / anything / with / ?

5) French / purple / bag / bought / a / leather / new / Paris / big / she / gorgeous / in / .

Unit 8　副詞

副詞には、一般的な「**単純副詞**」、疑問を表す「**疑問副詞**」、先行詞を修飾する節を結びつける「**関係副詞**」の3種類があり、動詞・形容詞や他の副詞を修飾する。

1．単純副詞

(1) 語形

① 「形容詞＋ly」…基本的には形容詞と意味は変わらないが、ly がつくことによって形容詞と意味が異なる場合もある。(③参照)

　　careful→carefully（注意深い→注意深く）　　loud→loudly（声が大きい→大声で）
　　new→newly（新しい→新しく）　　quick→quickly（速い→速く）
　　slow→slowly（ゆるやかな→ゆるやかに）　　wide→widely（広い→広く）

★スペルの上で注意を要する語

　-y で終わる語　easy→easily（容易な→容易に）　happy→happily（幸福な→幸福に）
　　　　　　　　　lucky→luckily（運が良い→運が良く）
　-le で終わる語　possible→possibly（可能な→ことによると）　probable→probably
　　　　　　　　　（ありそうな→たぶん）　simple→simply（簡素な→簡素に）
　-ue で終わる語　true→truly（本当の→本当に）　due→duly（正当な→正当に）
　-ll で終わる語　full→fully（いっぱいの→十分に）

② 形容詞と同形の副詞

　　early（早い；早く）　　far（遠い；遠く）　　fast（速い；速く）
　　high（高い；高く）　　long（長い；長く）　　low（低い；低く）

　　He gets up **early**. （彼は早く起きる。）
　　　　動詞　　副詞

　cf. He is an **early** riser. （彼は早く起きる人だ。）
　　　　　　　形容詞　名詞

③ 形容詞と同形の副詞と「形容詞＋-ly」の副詞の両方…両方の副詞がある場合には「形容詞＋-ly」の副詞が形容詞とは意味が異なる場合がある。

　　　　late　（遅い；遅く）　　　　　lately　（最近）
　　　　near　（近い；近くに）　　　　nearly　（ほとんど）
　　　　short　（短い；短く）　　　　　shortly　（すぐに）
　　　　hard　（一生懸命な；一生懸命に）　hardly　（ほとんど〜でない）

　　He works **hard**. （彼は一生懸命働く。）
　　　　　　　副詞

　　He **hardly** comes **late**. （彼はほとんど遅刻しない。）
　　　　副詞　　　　　形容詞

Unit 8

cf. He was **hard** at his task.（彼は任務に一生懸命だった。）
　　　　　　形容詞

(2) 用法

① **動詞を修飾する場合**…位置は文尾でも動詞の直前でもよい。

They **carefully** listened to the teacher. They listened to the teacher **carefully**.
（彼らは先生の言うことを注意深く聞いた。）

★回数・否定を表す副詞は通常動詞の前にくるが、be動詞と助動詞がある場合にはその直後にくる。　　cf. **always, usually, seldom, hardly, rarely** など

I will **never** forget your kindness.（私はあなたの親切を決して忘れないでしょう。）
助動詞　副詞　動詞

② **形容詞を修飾する場合**

She is **very** honest.（彼女はとても正直だ。）
　　　　副詞　形容詞

He is old **enough** to drink alcohol.（彼はもう充分アルコールを飲める年だ。）
　　　形容詞　副詞

He had **enough** money to buy a car.（彼は車を買う充分なお金を持っていた。）
　　　　形容詞　名詞　　　　　　　＊enoughが形容詞の場合の位置に注意する！

③ **副詞を修飾する場合**

She can dance **quite well**.（彼女はかなり上手に踊れる。）
　　　　　　　副詞　副詞

④ **文全体を修飾する場合**

Perhaps she will not come here.（おそらく彼女はここに来ないだろう。）
副詞

⑤ **very と much の注意すべき用法**…共に程度を強める副詞で「非常に、大いに」の意味である。

very	形容詞・副詞を修飾	現在分詞を修飾	原級を修飾
much	動詞を修飾	過去分詞を修飾	比較級を修飾

＊Thank you **very much**. = I thank you **very much**.（どうもありがとう。）
　動詞　　　副詞句　　　　　　　　　　　　　　＊主語Ⅰが省略された文である。

Unit 8

It is a **very** interesting picture.（それはとても面白い絵だ。）
　　　　副詞　現在分詞（形容詞的用法）

He is **much** taller than I.（彼は私よりずっと背が高い。）
　　　　副詞　形容詞（比較級）

I was **very much** puzzled by his words.（私は彼の言葉にとても当惑した。）
　　　　副詞句　　　過去分詞（形容詞的用法）

２．疑問副詞…**when、where、why、how** の４語で、疑問文や名詞節を導く。

① when … 「いつ」の意味で**時**をたずねるのに用いる。
　　　When did she begin to play the piano?（いつ彼女はピアノを始めたのですか？）
　　　I don't know **when** she began to play the piano.
　　　　　　　　　　名詞節
　　　（いつ彼女がピアノを始めたのかわからない。）

② where … 「どこで」の意味で**場所**をたずねるのに用いる。
　　　Where did you lose your pen?（どこでペンを失くしたのですか？）
　　　I don't know **where** I lost my pen.（どこでペンを失くしたのかはわからない。）
　　　　　　　　　　名詞節

③ why … 「なぜ」の意味で**理由**をたずねるのに用いる。
　　　Why did he get so angry with you?（なぜ彼はそんなにあなたを怒ったのですか？）
　　　I don't know **why** he got so angry with me.
　　　　　　　　　　名詞節
　　　（なぜ彼はそんなに私を怒ったのかわからない。）

④ how … 「どのように」・「どのくらい」・「どんな状態で」の意味で、**方法・程度・状態・理由**などをたずねるのに用いられる。
　　　How do you go to work? ― By car.
　　　（仕事にはどうやって行くのですか？車で。）
　　　I don't know **how** he did it.（彼がどうやってそれをやったのかわからない。）
　　　　　　　　　　名詞節

★**How＋形容詞または副詞 ～?**
　　　How **old** is your son?（あなたの息子さんはおいくつですか？）
　　　How **much** does this cost? =How **much** is this?（これはいくらですか？）
　　　How **far** is it from Tokyo to Gifu?（東京から岐阜迄どのくらい距離がありますか？）
　　　How **long** is this platform?（このホームはどのくらいの長さですか？）
　　　How **long** have you been learning English?（どのくらい英語を学んでいますか？）

Unit 8 Exercises

1 （ ）に入る適語を選び、〇で囲みなさい。
1) That was (quiet, enough, pretty) difficult.
2) He got up much (early, earlier, earliest) than usual.
3) I saw her somewhere (ago, before, former) .
4) He could swim as (well, good, better) as his brother.
5) She could (hard, harder, hardly) understand what he said.

2 （ ）に適語を入れて、日本文に合う英文を完成させなさい。
1) This jacket is (　　) big for me.　　（このジャケットは私には大きすぎる。）
2) Never (　　) give up.　　（決してあきらめるな。）
3) How (　　) do you go to the gym?　　（どの位の頻度でジムに行くの？）
4) She is (　　) complaining about him.　　（彼女は常に彼の不満を言っている。）
5) It was the (　　) best thing.　　（それはまさに最善のことだった。）

3 間違っている箇所に下線をひいて、適切な形に直したものを（　　）に入れなさい。
1) Jim worked hardly to pass the exam.　　　　　（　　　　　）
2) The day before tomorrow I'll go there.　　　　　（　　　　　）
3) Lucky he got the prize.　　　　　（　　　　　）
4) The train arrived ten minutes later.　　　　　（　　　　　）
5) At how price did you buy the car?　　　　　（　　　　　）

4 次の語句を並び替えて、文を完成しなさい。但し、文頭に来る語を大文字にしなさい。
1) upstairs / kindly / baggage / carry / you / could / my / ?

2) a / star / looking / is / just / good / and / she / quite / like / movie / .

3) you / would / great / to / thank / your / we / also / help / for / like / .

4) was / a / assignment / like / completed / she / midnight / it / when / her / .

5) office / left / ahead / the / straight / and / turn / go / here / at / post / .

Unit 9　前置詞

　前置詞はその名の通り、名詞の<u>前に置く詞</u>である。**名詞や代名詞の目的格**の前に置かれて形容詞句や副詞句を作り、動詞や形容詞などと結合して熟語を形成することもある。

1．時を表す前置詞

① **at** …時刻・年齢など時の一点（～に）　　at ten　　at night　　at dinner　　at Christmas

② **on** …特定の日・曜日（～に）　　＊at より時間の幅が広い。
　　　　on December 9　　on Monday　　on New Year's Day　　on the morning of July 4

③ **in** …月・季節・年代などの比較的<u>長い期間</u>（～に）　　＊on より時間の幅が広い。
　　　　in March　　in winter　　in the evening　　in 2011　　in the 21st century

④ **by** …完了の期限（～までには）
　　　　We must be at the office **by** 9 o'clock.（9時までには出社していなければならない。）

⑤ **till/until** …継続（～まで）　　**Until** noon he was in bed.（昼まで彼は寝ていた。）

⑥ **since** …過去のある時点から現在までの継続（～以来ずっと）
　　　　It has been raining **since** last night.（昨晩からずっと雨が降っている。）

⑦ **from** …時の出発点（～から）
　　　　He worked hard **from** morning **till** evening.（彼は朝から晩まで一生懸命働いた。）

⑧ **in** …現在を起点とする時間の経過（～たてば、～かかって）
　　　　She will be back **in** a few days.（彼女は2～3日したら戻ってくるだろう。）

⑨ **after** …過去または未来のある時を起点とする時間の経過（～後に、～たってから）
　　　　She was back **after** a week.（彼女は1週間後に戻ってきた。）

⑩ **within** …一定の期限内（～以内に）
　　　　She will be back **within** a few days.（彼女は2～3日以内に戻ってくるだろう。）

⑪ **for** …不特定の連続した期間（～の間ずっと）　　＊通常、数詞を伴う。
　　　　He has been sick **for** two days.（彼は2日間ずっと病気だ。）

⑫ **during** …特定の期間（～の間）　　＊通常、数詞を伴わない。
　　　　He was sick **during** the weekend.（彼は週末の間に病気になった。）

⑬ **through** …ある期間中の継続（～の間ずっと）
　　　　He was sick **through** the weekend.（彼は週末の間ずっと病気だった。）

2．場所を表す前置詞

① **in**（～で）比較的広い場所 / **at**（～で）比較的狭い場所
　　　　She works **at** Ginza **in** Tokyo.（彼女は東京の銀座で働いている。）

② **in**（～の中に）静止の位置狭い場所でも、その中にいる場合に用いる。
　　into（～の中へ）中への運動 / **out of**（～の中から）外への運動　＊in, into の反意語
　　　　He waited for her **in** the cafeteria.（彼は彼女をカフェテリアの中で待った。）
　　　　He waited for her **out of** the cafeteria.（彼は彼女をカフェテリアの外で待った。）
　　　　He walked **into** the cafeteria.（彼はカフェテリアの中に入って行った。）

Unit 9

　　　　　　He walked **out of** the cafeteria.（彼はカフェテリアから出て行った。）
③　**on**（〜の上に）ある物に接触している状態を表し、位置は横でも下でも可能である。
　　beneath（〜の下に）接触している状態　　＊口語では under を使う。
　　　　There is a fly **on** the floor.　　（床にハエがとまっている。）
　　　　There is a fly **on** the ceiling.（天井にハエがとまっている。）
　　　　There is a fly **on** the wall.　　（壁にハエがとまっている。）
　　　　There was a coin **beneath**（=**under**）the carpet.（絨毯の下に硬貨が一枚あった。）
④　**above**（〜の上方に）/　**below**（〜の下方に）
　　　　Write your name **above** or **below** the line.（この線の上か下かに名前を書きなさい。）
⑤　**over**（〜の真上に）/　**under**（〜の真下に）
　　　　There is a lamp **over** the table.（テーブルの真上に電灯がある。）
　　　　There is a cat **under** the table.（テーブルの真下に猫がいる。）
⑥　**up**（〜の上へ）　低い所からの上の方への運動・移動を表す。
　　down（〜の下へ）高い所からの下の方への運動・移動を表す。
　　　　He went **up** the hill.（彼はその丘を登った。）
　　　　He went **down** the hill.（彼はその丘を下った。）
⑦　**to**　　　　「到着」（〜へ）最終的な到達点を表す。
　　toward(s)「方向」（〜の方向に）その方向へ進んだだけで到着したかどうかは不明。
　　for　　　「目的」（〜に向けて）目的地を表すが、実際に到着しているかは不明。
　　　　He went **to** Paris.（彼はパリへ行った。）→ パリに到着している。
　　　　He went **toward** Paris.（彼はパリの方へ行った。）→パリに到着しているかは不明。
　　　　He left **for** Paris.（彼はパリへと発った。）→パリに到着しているかは不明。
⑧　**between**（2つのものの間に）/　**among**（3つ以上のものの間に）
　　　　There is a station **between** the two towns.（その2つの町の間には駅がある。）
　　　　Divide the cookies **among** you three.（クッキーを3人で分けなさい。）
＊**between** A and B　（AとBの間に）　　場所・時間両方に使える！
　　　　between Tokyo and Osaka（東京・大阪間）、**between** 6 and 7（6〜7時の間に）
⑨　**around/round**（〜の周囲に）/　**about**（〜のあたりに）漠然とした状況を表す。
　　　　The earth moves **round** the sun.（地球は太陽の周りを回る。）
　　　　There are beautiful flowers **about** the pub.（そのパブの周りに美しい花がある。）
⑩　**before** /＊**in front of**（〜の前に / 〜の正面に）場所の前後関係　　　＊群前置詞
　　behind（〜の後に、〜の背後に）場所の前後関係
　　　　She fell down **before** my eyes.（彼女は私の面前で倒れた。）
　　　　There is a beautiful garden **in front of** my house.（私の家の前に美しい庭がある。）
　　　　His daughter was standing **behind** him.（彼の娘が彼の後ろに立っていた。）
⑪　**across**（〜を横切って）/　**along**（〜に沿って）/ **through**（〜を通り抜けて）

He ran **across** the street.（彼は通りを走って横切った。）
He ran **along** the river.（彼は川沿いを走った。）
He ran **through** the woods.（彼は森を走り抜けた。）

⑫ **from**（〜から）出発点 / **of**（〜から）分離、距離 / **off**（〜から離れて）分離、隔離
He ran **from** the street.（彼は通りから走りだした。）
The town is two miles north **of** Paris.（その町はパリの北2マイルの所にある。）
The town is two miles **off**.（その町は2マイル離れた所にある。）

⑬ **against**（〜に寄りかかって、〜にもたれて）
His golf club is **against** the wall.（彼のゴルフクラブは壁に立てかけてある。）

⑭ **beyond**（〜の向こうに、〜を超えて）比喩的に限界を超える状態を表すこともある。
He is now **beyond** the sea.（彼は今海のかなたにいる。）
Physics is just **beyond** me.（物理学は私には難しすぎる。）

3．その他の用法

① **of**（〜で）材料 / **from**（〜で）原料 / **into**（〜に）変化
This toy is made **of** plastic.（このおもちゃはプラスチックでできている。）
Butter is made **from** milk.（バターはミルクでできている。）
Milk is made **into** butter.（ミルクはバターになる。）

② **of**（〜で）直接的な原因 / **from**（〜で）間接的な原因
He died **of** cancer.（彼は癌で死んだ。）He died **from** overwork.（彼は過労で死んだ。）

③ **against**（〜に逆らって、〜に反対して）/ **for**（〜に味方して、〜に賛成して）
Are you **for** or **against** the proposal?（その提案に賛成、それとも反対ですか？）

4．主な前置詞の個々の働き

(1) in…広い場所や範囲・領域の中に入った「〜の中で」が基本的な意味である。
They jumped rope **in** a park.（彼等は公園の中で縄跳びをした。）
I was born **in** 1996.（私は1996年に生まれた。）
She was dressed **in** red.（彼女は赤い服を着ていた。）
He was **in** such a hurry.（彼はとても急いでいた。）
What is this called **in** English?（これは英語で何と言いますか？）
He'll finish his homework **in** two hours.（彼は2時間もすれば宿題を終えるだろう。）

(2) at…狭い場所や時のある一点などに視点を当てた「〜で、〜に」が基本的な意味である。
She gets up **at** seven every morning.（彼女は毎朝7時に起きる。）
Please open your book **at** page eleven.（11ページを開けて下さい。）
I was surprised **at** her fluent English.（私は彼女の流暢な英語に驚いた。）
You are not supposed to smoke **at** work.（仕事中は禁煙である。）
He was completely **at** a loss.（彼は本当に途方にくれていた。）

(3) on…横でも下でも何かに接触した状態で、「〜の上に」が基本的な意味である。

Unit 9

      The garage is **on** fire.（ガレージが火事だ。）
      A beautiful picture is **on** the wall.（美しい絵が壁に掛っている。）
      Now he is in New York **on** business.（彼は今仕事でニューヨークにいる。）
      They live **on** his income.（彼等は彼の収入で生活している。）

(4) of…「分離」が基本的な意味である。
      She cured her son **of** the bad habit.（彼女は息子の悪い癖を直した。）
      He is a friend **of** mine (=my friends).（彼は私の友達の一人だ。）
      It is a matter for a girl **of** ten.（それは10歳の女の子には問題だ。）

(5) for…「方向」が基本的な意味であるが、そこから様々な意味へと発展していく。
      This is bound **for** London.（これはロンドン行きです。）
      He made a song **for** her.（彼は彼女のために歌を作った。）
      He's been in Chicago **for** three years.（彼は3年間ずっとシカゴにいます。）
      I'm sorry **for** being late.（遅れて申し訳ありません。）
      She bought it **for** 3 dollars.（彼はそれを3ドルで買った。）

(6) from…「～から」の意味で、物事の「起点」を表すが、「着点」は表さない。
      He comes **from** Aomori.（彼は青森出身です。）
      Many people died **from** starvation.（多くの人々が餓死した。）
      It's a long way **from** the station.（それは駅から遠い。）
      Her opinion is different **from** mine (=my opinion).（彼女の意見は私のとは違う。）

(7) to…「～に」という意味の「到達点」を基本的に表すが、「移動」や「方向」も表す。
      He drove from Tokyo **to** Nagano.（彼は東京から長野まで運転した。）
      He took the whole engine of a car **to** pieces.（彼は車のエンジンを分解した。）
      I was caught in a shower and got wet **to** the skin.（にわか雨でずぶぬれになった。）
      I prefer tea **to** coffee.（私はコーヒーより紅茶の方が好きだ。）

(8) by…「～のそばに」が基本的な意味だが、手段や単位や基準なども表す。
      She was standing **by** him.（彼女は彼のそばに立っていた。）
      She goes to work **by** bus.（彼女はバスで仕事に行きます。）
      It is half past ten **by** my watch.（私の時計では10時半です。）
      He is paid **by** the hour.（彼は時間給です。）
      Complete it **by** tomorrow.（明日迄にそれを完成しなさい。）

(9) with…「～と一緒に」が基本的な意味で、この意味を中心に様々な意味に発展する。
      I'll go there **with** you.（あなたと一緒にそこに行きましょう。）
      She was sitting **with** her eyes closed.（彼女は目を閉じたまま座っていた。）
      He cut it **with** a knife.（彼はナイフでそれを切った。）
      She didn't get on well **with** him.（彼女は彼とは仲良くやって行けなかった。）
      He was in bed all day **with** cold.（彼は風邪で一日中寝ていた。）

Unit 9 Exercises

1 (　) に入る適語を選び、○で囲みなさい。
1) She was born (at, in, on, during) December 9, 1993.
2) They go to school (by, in, on, with) bicycle.
3) Are you (by, for, to, with) or against the proposal?
4) You'll be better (at, by, for, in) a few days.
5) I'll phone you (at, for, on, during) the evening.

2 (　) に適語を入れて、日本文に合う英文を完成させなさ
1) There is a house (　　　) a red roof.　　　　（赤い屋根の家がある。）
2) The snow melted (　　　) water.　　　　（雪が解けて水になった。）
3) Complete your report (　　　) four o'clock.　（レポートを4時迄に仕上げなさい。）
4) You mustn't eat (　　　) meals.　　　　（間食はしてはいけない。）
5) He appeared (　　　) behind the curtain.　（彼はカーテンの後ろから現れた。）

3 間違っている箇所に下線をひいて、適切な形に直したものを (　　) に入れなさい。
1) I'll see you in Sunday morning.　　　　　　　　　(　　　　　　　)
2) His sweater is made from pure wool.　　　　　　(　　　　　　　)
3) She'll leave for London on the end of this month.　(　　　　　　　)
4) He is younger than me for two years.　　　　　　(　　　　　　　)
5) It took 2 hours from Tokyo till Hakone.　　　　　(　　　　　　　)

4 次の語句を並び替えて、文を完成しなさい。但し、文頭に来る語を大文字にしなさい。
1) a / coffee / we / of / cup / talk / shall / over / ?

2) Sam / a / students / attended / school / the / except / festival / all / .

3) hours / town / wandering / spent / few / the / they / small / a / about / .

4) that / to / meeting / have / next / explain / will / the / about / he / at / .

5) ten / not / worker / doesn't / hard / until / home / a / and / is / he / get / after / .

Unit 10　動詞

　動詞は動作や状態を表し、その働きによって**自動詞と他動詞、動作動詞と状態動詞**のように分類される。**原形・現在形・過去形・現在分詞形・過去分詞形**の5種類の語形変化がある。主語の人称や時制などによって形が変わるが、**原形・過去形・過去分詞形**が基本で、その3つの語形変化を活用という。いつの出来事かという時間的関係を**現在・過去・未来**の3つの基本時制によって表すが、それぞれに**完了時制**があり、**進行形**がある。

１．**原形**…動詞の原形は、助動詞や不定詞の to の直後にくる。
　　　　She can <u>skate</u> very well.　She wants to <u>be</u> a professional skater.
　　　　（彼女はスケートがとても上手だ。プロのスケーターになりたいと思っている。）

２．**現在形**…現在の事実や習慣、一般的真理などを表す「現在時制」の中で用いられる。

A. 現在時制の用法
(1) 現在の習慣　　　She generally <u>goes</u> to bed at eleven.（彼女は通常11時に寝ます。）
(2) 一般的な事実　　He <u>owns</u> an apartment house.（彼はマンションを所有している。）
(3) 不変の真理…現在の事実が、現在・過去・未来を通じて変わらないことを表す。
　　　　The sun <u>rises</u> in the east and <u>sets</u> in the west.（太陽は東から昇り、西に沈む。）
(4) 確定的な予定の行動…確実な予定を表すが、未来を表す副詞(句)などを伴うことが多い。
　　　　His Super-express Hayabusa <u>leaves</u> at eight tonight.
　　　　（彼の乗る新幹線はやぶさ号は今晩8時に出発します。）

B. 現在時制の形
(1) be 動詞…主語の人称によって語形が変化し、形容詞・名詞・場所を表す語句などが続く。
① 後に 補語(名詞・形容詞) をとる be 動詞…「～です」という意味になる。
1人称単数 am / 1人称複数 are / 2人称単数・複数 are / 3人称単数 is / 3人称複数 are
② 後に 場所を表す語句 をとる be 動詞…「～にいます、～にあります」の意味になる。
　　　　There <u>are</u> 35 students in my class.（私のクラスには35名の学生がいます。）
(2) have 動詞…主語が3人称単数現在形の場合は has になる。「持っている」という所有の意味だが、そこから発展して人間関係や健康状態など様々な行為を表すこともある。
① 所有…「～を持っている」という意味になる。
　　　　I <u>have</u> a lot of CDs.（私は CD をたくさん持っている。）
② 様々な行為を表す have　　　I <u>have</u> a toothache.（歯が痛む。）
　　　　She <u>has</u> (=eat) bread every morning.（彼女は毎朝パンを食べる。）
(3) 一般動詞…主語が3人称単数現在形の場合は一般動詞の原形に s または es をつける。
　　　　He <u>goes</u> to work by car every day.（彼は毎日車で仕事に行く。）

★3単現 -(e)s のつけ方
① 語尾が「子音字＋y」の場合 ⇒ y を i に変えて es をつける。*発音は[z]
　　　　carry → carr<u>ies</u>,　　cry → cr<u>ies</u>,　　fly → fl<u>ies</u>,　　study → stud<u>ies</u>
＊「母音字＋y」の場合は、そのまま s をつける。*発音は[z]

Unit 10

    enjoy → enjoys, play → plays, say → says, stay → stays
② 語尾が「子音字＋o」の場合 ⇒ es をつける。 *発音は[z]
    do → does,   go → goes,   veto → vetoes
③ 語尾が「ch, s, sh, x, z」の場合 ⇒ es をつける。 *発音は[iz]
    catch → catches, pass → passes, push → pushes,
    wash → washes, fix → fixes,   buzz → buzzes
④ 上記以外は、普通に s をつける。
  [s] cook → cooks, get → gets, make → makes, speak → speaks
  [z] come → comes, give → gives, listen → listens, play → plays
  [iz] gaze → gazes, judge → judges, lose → loses, rise → rises

3．現在分詞形…「**動詞の原形＋ing**」の形で、**be 動詞**と結合して「**進行形**」、過去分詞形と同様に名詞や代名詞を修飾する形容詞として用いられ、分詞構文では副詞的に使われる。

(1) 現在分詞の作り方
① 「子音字＋e」で語尾が発音しない「e」の場合 ⇒ e をとって ing をつける。
    e.g. come → coming, give → giving, make → making
＊発音しない「e」でも直前に母音がある場合はそのまま ing をつける。 dye → dyeing
＊発音する「e」ではそのまま ing をつける。see → seeing, flee → fleeing
② 語尾が「ie」の場合 ⇒ ie を y に変えて ing をつける。
    e.g. die → dying, lie → lying, tie → tying
③ 語尾が「1母音字（短母音）＋1子音字」の1音節の動詞の場合 ⇒ 最後の子音字を重ねて ing をつける。 cut → cutting, get → getting, put → putting
④ 語尾が「1母音字（短母音）＋1子音字」の2音節以上の動詞で、<u>最後の音節</u>にアクセントがある場合 ⇒ 最後の子音字を重ねて ing をつける。
    e.g. begin → beginning, occur → occurring, omit → omitting
⑤ 語尾が「1母音字（短母音）＋1子音字」の2音節以上の動詞で、<u>最初の音節</u>にアクセントがある場合 ⇒ そのまま ing をつける。 e.g. target → targeting
⑥ 語尾が「ic」の場合 ⇒ ic の後に k を加えて ing をつける。
    e.g. mimic → mimicking, panic → panicking, picnic → picnicking
⑦ 上記以外は、普通に ing をつける。
    e.g. cry → crying, do → doing, study → studying

(2) 現在分詞の用法
① 形容詞的用法…名詞を修飾する形容詞として用いられる。
  That **smiling** girl is my sister.（あの微笑んでいる少女は私の妹です。）
② 補語になる主格補語…主語＋be＋現在分詞(補語) の関係が成立する。
  He kept **studying** all night.（彼は一晩中勉強し続けた。）＊He was studying が成立。

Unit 10

③ 補語になる目的格補語…意味上の主語の目的語＋be＋現在分詞(補語) の関係が成立する。
　　　　　I saw him jogging．(彼がジョギングしているのを見た。) ＊He was jogging が成立。
4．過去・過去分詞形…「過去形」は、過去の事実・習慣・経験などを表す。過去完了形の代用、時制の一致や仮定法にも使われる「過去時制」の中で用いられる。「過去分詞形」は be 動詞や have と結合して「受動態」や「完了時制」の中で用いられ、名詞や代名詞を修飾する形容詞の働きをする。分詞構文では副詞的に用いられる。
(1) 過去形…完全に終了した行為を、動詞の過去形を用いて過去時制で表す。
① be 動詞…人称・数による変化がある。　　am / is → was,　are → were
　　　　　He was a student 2 years ago.（彼は2年前は学生でした。）←過去の事実
② 一般動詞…be 動詞とは違って主語の人称や数による語形変化はない。規則的に変化する「規則動詞」と不規則に変化する「不規則動詞」に分類される。
　a） 過去の習慣　　He went fishing every weekend.（彼は毎週末釣りに行った。）
　b） 過去の経験　　We drank whiskey last night.（私達は昨晩ウイスキーを飲んだ。）
(2) 規則動詞の活用…ed は原形語尾が[d]以外の有声音の時には[d]、[t]または[d]の時には[id]、[t]以外の無声音の時には[t]と発音する。声帯の振動を伴うのが有声音で、伴わないのが無声音である。
①語尾が［e］の場合　⇒　d だけをつける。
　　　　[id]　decide → decided,　　　invite → invited,　　　waste → wasted
　　　　[t]　 escape→ escaped,　　　hope → hoped,　　　　like → liked
　　　　[d]　 live → lived,　　　　　 move → moved,　　　　use → used
② 語尾が「子音字＋y」の場合　⇒　y を i に変えて ed をつける。
　　　　[id]　cry → cried,　　　　　 study → studied,　　　try → tried
注意！語尾が「母音字＋y」の場合には、そのまま ed をつける。
　　　　　　　enjoy → enjoyed,　　　 play → played,　　　　stay → stayed
③ 語尾が「1 母音字（短母音）＋ 1 子音字」の 1 音節*の動詞の場合 ⇒ 最後の子音字を重ねて ed をつける。
　　　　[id]　dot → dotted,　　jot → jotted,　　pat → patted,　　plod → plodded
　　　　[t]　 drop → dropped,　step → stepped,　stop → stopped,　wrap → wrapped
　　　　[d]　 beg → begged,　　plan → planned,　scrub → scrubbed, stir → stirred
④ 語尾が「1 母音字（短母音）＋ 1 子音字」の 2 音節以上の動詞で、最後の音節にアクセントがある場合 ⇒ 最後の子音字を重ねて ed をつける。
　　　　[id]　commit → committed,　 permit → permitted,　regret → regretted
　　　　[d]　 compel → compelled,　 occur → occurred　　[t]equip → equipped
⑤ 語尾が「1 母音字（短母音）＋ 1 子音字」の 2 音節以上の動詞でも、アクセントが前にある場合 ⇒ 単に ed をつける。
　　　　[id]　visit → visited,　　　　limit → limited

Unit 10

   [d] offer → offer<u>ed</u>, suffer → suffer<u>ed</u>, wonder → wonder<u>ed</u>

⑥ 語尾が「ic」の場合 ⇒ ic の後に k を加えて ed をつける。

   [t] mimic → mimic<u>ked</u>, panic → panic<u>ked</u>, picnic → picnic<u>ked</u>

⑦ 上記以外は、普通に ed をつける。

   [id] collect → collect<u>ed</u>, end → end<u>ed</u>, wait → wait<u>ed</u>, want → want<u>ed</u>
   [t] ask → ask<u>ed</u>, help → help<u>ed</u>, look → look<u>ed</u>, watch → watch<u>ed</u>
   [d] call → call<u>ed</u>, explain → explain<u>ed</u>, gain → gain<u>ed</u>, kill → kill<u>ed</u>

(3) 不規則動詞の活用…活用に一定の規則がなく不規則な活用をする

① A-B-B型 say → said → said
      have → had → had
      make → made → made
      get → got → got

② A-B-A型 come → came → come
      run → ran → run

③ A-B-C型 begin → began → begun
      write → wrote → written
      do → did → done
      go → went → gone
      give → gave → given

④ A-A-B型 beat → beat → beaten

⑤ A-A-A型 cut → cut → cut
      put → put → put
      set → set → set

(4) 注意を要する活用

不規則変化(A-B-C型)	lie → lay → lain	（横たわる）
不規則変化(A-B-B型)	lay → laid → laid	（横たえる）
規則変化	lie → lied → lied	（うそを言う）

不規則変化(A-B-B型)	find → found → found	（見つける）
規則変化	found → founded → founded	（設立する）

(5) 過去分詞の形容詞的用法

  This is a photo <u>taken</u> by Tom. （これはトムによって撮られた写真です。）

＊過去分詞 taken が名詞 a photo を修飾する形容詞として用いられ、taken by Tom で「トムによって撮られた」という意味の形容詞句になる。

5．未来形…「未来の時」を表し、「単純未来」と「意志未来」がある。**未来を表す助動詞 will (shall)＋動詞の原形**」が基本的な形で、その他にも未来を表す様々な形がある。

Unit 10

(1) 単純未来…単なる未来を表す。
　　　　She **will be** in her senior year at Yale in September.
　　　　（彼女は9月にエール大学の4年生になります。）
(2) 意志未来…話し手の意志を表したり、相手の意志・意向をたずねる。
　　　　I **won't be** late again.（私は二度と遅れはしない。）
　　　　What **shall** we **do** tonight?（今晩何をしましょうか？）
(3) 未来を表すその他の表現
① be going to ＋ 動詞の原形
ａ）近い未来の予測…「～するだろう」の意味で近い未来の予測を表すが、現在の状況から判断してこれから起こることが分かる場合に用いる。
　　　　It's **going to** rain tonight.（今晩は雨になりそうだ。）　＊空模様から予測ができる。
ｂ）意志や意図…「～するつもりだ」の意味で、前もって考えていた意志や意図、あるいは前もって準備をしていることを表す。
　　　　I'm **going to** spend my holiday in Karuizawa.（休暇を軽井沢で過ごすつもりだ。）
② 未来を表す現在進行形…近い未来を表し、通常未来を表す副詞(語句)を伴う。
　　　　We're **visiting** her on Friday.（私達は金曜日に彼女の家を訪問する予定です。）
③ 未来を表す現在形…確定的な未来の行為を表し、未来を表す副詞語句を通常伴う。
　　　　We **leave** Narita at 10 a.m. and **arrive** in Saipan at 1 p.m.
　　　　（午前10時に成田を出発して午後1時にサイパンに到着する予定です。）
④ be to ＋ 動詞の原形 …「～する予定だ」の意味で予定や計画などを表す。
　　　　We're **to meet** at six tonight.（私達は今晩6時に会う予定です。）
⑤ be about to ＋ 動詞の原形 …「まさに～しようとしている」の意味だが、未来を表す副詞語句を伴わない。
　　　　The professor **is about to** start his lecture. We have to be quiet.
　　　　（教授がまさに講義を始めようとしている。静かにしなければならない。）
６．「状態」の過去分詞と「原因」の現在分詞…人や物の状態は受動的に外部からの力で引き起こされると考えて「過去分詞形」で表すことが多い。また、そのような状態をもたらす原因を「現在分詞形」で表すことがある。
（状態）She is **excited** by the story.（彼女はその話に興奮している。）
（原因）The story is **exciting** to her.（その物語は彼女にとってわくわくさせるものだ。）

[同じ働きをする動詞]

原形	過去分詞	現在分詞
bore	bored	boring
interest	interested	interesting
please	pleased	pleasing
surprise	surprised	surprising
tire	tired	tiring

Unit 10

7．自動詞と他動詞…動作の対象となる目的語をとらない**自動詞**と目的語をとる**他動詞**があり、自動詞は目的語がなくても主語と動詞だけで意味をなすが、他動詞は目的語があって初めて意味をなす。大部分の動詞は、自動詞と他動詞のいずれにも用いられる。また、補語をとらないものを**完全動詞**、補語をとるものを**不完全動詞**という。

 （完全自動詞） His lecture will <u>begin</u> in a minute. ＊目的語も補語も取らない
       （彼の講義が間もなく<u>始まる</u>だろう。）
 （完全他動詞） He will <u>begin</u> <u>his lecture</u> in a minute. ＊目的語はとるが補語は取らない
       （彼は講義を間もなく<u>始める</u>だろう。）
 （不完全自動詞） They <u>remained</u> <u>silent</u>. ＊目的語はとらないが主格補語を必要とする
       （彼らはだまったままだった。）
 （不完全他動詞） We <u>saw</u> <u>her</u> <u>smiling</u>. ＊目的語も目的格補語も必要とする
       （私は彼女が微笑んでいるのを見た。）

8．状態動詞と動作動詞…状態を表わす動詞と動作を表す動詞では文法的な扱いが異なる。
(1) 状態動詞…意味の性質上、動作が継続する「進行形」は原則として作れない。例外的に、一時的な状態やその進行を強調する時に進行形が作られることがある。
① 一般的な状態を表す（～である、～している）

| be | belong | concern | consist | contain | depend | differ | exist | fit | have |
| include | involve | keep | lack | matter | own | possess | resemble | weigh | |

  I <u>belong</u> to the baseball club.（私は野球部に所属している。）
  He <u>is</u> very smart and friendly.（彼はとても頭が良く、かつフレンドリーである。）
② 心理作用を表す | believe forget know remember think understand |
  I <u>think</u> that he will do his best to get a job.
  （私は彼が仕事を得るために最善を尽くすと思っている。）
③ 感情を表す | dislike hate like love prefer want wish |
  She <u>loves</u> her cat given by her parents.（彼女は両親から贈られた猫を愛している。）
(2) 動作動詞…「～する」という動作を表して進行形を作ることができる。
  She is <u>clean</u>ing her room now.（彼女は今部屋の掃除をしているところです。）
(3) 状態動詞で動作動詞…自分の意志に関係なく見えたり聞こえたりする状態を表す「状態動詞」が、自分の意志で動作を行う「動作動詞」としても時には使われる。

  She <u>has</u> an elder sister.（彼女には姉が一人いる。） （状態動詞）
  I am <u>having</u> (=eating) breakfast.（朝食を食べているところです。） （動作動詞）
  Can you <u>see</u> Sam running?（サムが走っているのが見えますか？） （状態動詞）
  It's been nice <u>seeing</u> (=meeting) you.（お会いできてよかったです。） （動作動詞）
  I <u>heard</u> a dog barking.（犬が吠えているのが聞こえた。） （状態動詞）
  He was <u>hearing</u> (=listening to) her complaint. （動作動詞）
  （彼は彼女の不満を聞いているところだった。）

Unit 10

  The flower **smells** good.（その花はよい香りがする。）   （状態動詞）
  I am **smelling** at the rose.（そのバラの香りをかいでいるところです。）（動作動詞）
  We are ***thinking** of traveling around Europe.   （動作動詞）
 （私達は欧州旅行を考えている。） * plan「計画する」に近い意味で使われている。

９．**進行形**…「be 動詞の変化形＋現在分詞」の形で動作の継続を表す。「〜している」という意味をもともと持っている「状態動詞」は、原則として進行形にはならない。

(1) 現在進行形　　(am, is, are)＋現在分詞

① **現に進行中の動作**…「〜している」という意味を表す。
  She **is sitting** on the chair.（彼女は椅子に座っている。）

② **反復的行為**…繰り返される現在の動作に対して、**always, all the time, constantly** などの頻度を表す副詞と共に用いられて、話し手の非難・迷惑・軽蔑などの気持ちを表す。
  You **are always playing** golf.（いつもゴルフばかりしているわね。）

③ **近い未来の予定**…未来を示す副詞(句)を伴い、準備ができている事や確定的な予定を表す。
  He **is moving** into the new section **next week**.（彼は来週新しい部門に移ります。）

④ **現在における動作の開始**…「〜しようとしている、〜しかけている」の意味を表す。
　　begin　break　die　end　open　rise　shut
  The sun **is setting**.（太陽が沈みかけている。）

(2) 過去進行形…(was, were)＋現在分詞

過去のある時点でまだ終了していない進行中の状態や動作を表す。

① **過去に進行中の状態・動作**
  It **was raining** heavily last night.（昨夜はひどく雨が降っていた。）

② **過去における反復的行為**…「〜ばかりしていた」
  You **were** always **coming** late.（君はいつも遅刻ばかりしていた。）

③ **過去における動作の開始**…「〜しようとしていた、〜しかけていた」
  He **was beginning** his speech when I entered the hall.
  （私が会場に入って行った時、彼は演説を始めようとしていた。）

(3) 未来進行形…will(shall) be＋現在分詞

① **未来における進行中の動作**…「〜しているだろう」という意味を表す。
  This time next week, we'll **be listening** to Elton John at his concert.
  （来週の今頃私達はエルトン・ジョンのコンサートで彼の歌声を聴いているだろう。）

② **未来における動作の開始**…「〜しようとしているだろう」という意味を表す。
  The party **will be starting** when we get to the hotel.
  （私達がホテルに着くころには、パーティは始まりかけているだろう。）

③ **未来の計画的行動**…「〜することになっている」という意味を表す。
  They **will be visiting** the national museum on Saturday.
  （彼等は土曜日にその国立博物館を訪れることになっている。）

Unit 10 Exercises

1 （　）に入る適語を選び、○で囲みなさい。
1) We're going to (hold, holding, held, have held) a birthday party next week.
2) I saw a (shot, shoot, shooting, shooted) star last night.
3) She'll (be, being, is, has been) in her junior year at Harvard.
4) This is a book (writes, writing, wrote, written) in German.
5) The beautiful rose (smell, smells, is smelling, are smelling) good.

2 適語を入れて表を完成しなさい。

原形	try		visit		drop		shut	
過去形						let		
過去分詞		chosen		lain				

原形	draw		bring		say		teach	
過去形		sat				spoke		
過去分詞				fallen				

3 間違っている箇所に下線をひいて、適切な形に直したものを（　）に入れなさい。
1) She is knowing a lot about Kabuki.　　　　　　　（　　　　　）
2) As we expect, he didn't arrive on time.　　　　　　（　　　　　）
3) The price of wheat has risen last week.　　　　　　（　　　　　）
4) While I play basketball yesterday, I hurt my hand.　（　　　　　）
5) She lay her baby in the bed a minute ago.　　　　　（　　　　　）

4 次の語句を並び替えて、文を完成しなさい。但し、文頭に来る語を大文字にしなさい。
1) you / good / necklace / looks / on / the / .

2) a / pictures / got / of / have / interesting / lot / you / ?

3) two / away / popular / for / spot / they / to / vacation / a / weeks / went / .

4) movie / were / six / tonight / we / a / meet / going / to / at / a / see /.

5) he / much / America / her / daughter / gone / and / to / his / misses / very / has / .

Unit 10　Exercises

[5] （　）に入る適語を選び、○で囲みなさい。
1) The lady (hold, held, is holding, was holding) a bag in her right hand now.
2) He (left, is leaving, was leaving, were leaving) for Brighton next week.
3) They (know, are knowing, are known, have known) the importance of friendship.
4) She (is writting, is writing, was writting, was writing) a letter last night.
5) He (watches, watched, is watching, was watching) TV when I phoned him.

[6] （　）に適語を入れて、日本文に合う英文を完成させなさい。
1) It is now (　　　) in Nagano.　　　　　（長野では今雪が降っている。）
2) He was (　　　) the door.　　　（彼はドアにペンキを塗っているところだった。）
3) We are (　　　) a party this weekend.　　（今週末パーティを開く予定です。）
4) I (　　　) leaving home.　　　　　　　　（私は出かけるところだった。）
5) He'll (　　　) staying until Friday.　　（彼は金曜日迄滞在しているでしょう。）

[7] 間違っている箇所に下線をひいて、適切な形に直したものを（　　）に入れなさい。
1) He is finding the truth.　　　　　　　　　　　　　（　　　　　）
2) She slept when the telephone rang.　　　　　　　　（　　　　　）
3) A week is having seven days.　　　　　　　　　　　（　　　　　）
4) How long will you staying with your friend in Paris?　（　　　　　）
5) She is liking his new song.　　　　　　　　　　　　（　　　　　）

[8] 次の語句を並び替えて、文を完成しなさい。但し、文頭に来る語を大文字にしなさい。
1) ten / landing / plane / in / is / our / minutes / .

2) exercising / of / gym / all / the / are / in / them / .

3) doing / is / man / what / about / the / thinking / now / ?

4) tomorrow / in / be / time / working / this / the / will / factory / at / he / .

5) few / are / the / sunglasses / people / in / quite / wearing / a / park / .

Unit 11　接続詞

接続詞は、文中の語と語、句と句、節と節とを結びつける。文法上対等の関係にあるものを結びつける「**等位接続詞**」と、節と節を主節と従属節で結ぶ「**従属接続詞**」がある。

1．**等位接続詞**　　and　but　for　so　or　nor　yet

(1) 語＋等位接続詞＋語 …文法的に同じ働きをする語と語、つまり同じ品詞を結ぶ。
　　They are poor **but** happy.（彼等は貧しいが幸福だ。）

(2) 句＋等位接続詞＋句 …文法的に同じ働きをする句と句、つまり語群と語群とを結ぶ。
　　Do you go to school by bus **or** by train?（学校までバス、それとも電車ですか？）

(3) 節＋等位接続詞＋節 …文法上対等の関係にある節と節、つまり文と文とを結ぶ。
　　I won't tell her the truth, **for** I can't trust her.
　　（彼女に真実を言わない。**というのは**、彼女を信用していない。）

(4) 重要構文

① 命令文＋and...（＝ If you 〜, ...）　　（〜せよ、そうすれば…）
　 命令文＋or...（＝ Unless you 〜, ...）　（〜せよ、さもなければ…）
　　Leave now, and you will catch the last train.
　　（今出なさい。**そうすれば**最終電車に乗れるでしょう。）
　　Leave now, or you won't catch the last train.
　　（今出なさい。**さもなければ**最終電車に乗れないでしょう。）

② both A and B　（AもBも両方）
　　Susie can **both** skate **and** ski.（スージーはスケートもスキーもできる。）

③ not only A but (also) B　（AだけでなくBも）
　　Not only I **but also** he fell down.（私だけでなく彼も転んだ。）

④ either A or B（AかBかどちらか）／ neither A nor B（AもBもどちらも〜でない）
　　She likes **either** France **or** Italy.（彼女はフランスかイタリアのどちらかが好きだ。）
　　She likes **neither** France **nor** Italy.（彼女はフランスもイタリアも好きではない。）

2．**従属接続詞**　　主節＋従属接続詞＋従属節（または従属接続詞＋従属節＋主節）

(1) 名詞節を導く場合…名詞節を導く従属接続詞は、**that、if、whether** である。

① 主語　　<u>Whether he'll succeed</u> <u>is</u> <u>doubtful</u>.（彼が成功するかどうかは疑わしい。）
　　　　　　　　　S　　　　　　　V　　　C

② 目的語　<u>He</u> <u>says</u> **that** <u>he loves football</u>.（彼はサッカーが大好きだと言っている。）
　　　　　　S　　V　　　　　　O

③ 補語　　<u>The fact</u> <u>is</u> **that** <u>she is married</u>.（事実は彼女が既婚者だということだ。）
　　　　　　S　　　V　　　　　C

(2) 副詞節を導く場合… 副詞節を導く主な従属接続詞は以下である。

after	although	as	because	before	if	once	since	though	till	until	unless
when	whenever	whether	while	as soon as		by the time		in case		so that	

Unit 11

① 時　　I'll have to finish my assignment **before** I go out.
　　　　（私は出かける<u>前に</u>課題を仕上げなければならない。）

② 理由　Mark is moving to LA **as** he has a lot of friends there.
　　　　（友達がたくさんいる<u>ので</u>マークはロスへ引っ越す予定です。）

③ 目的　Anne lent me her necklace **so that** I can put it on at my birthday party.
　　　　（アンは私が誕生パーティで身につける<u>ように</u>ネックレスを貸してくれた。）

④ 条件…未来の意味を表しても、「条件」節の場合には時制は現在形である。
　　　　Take an umbrella with you **in case** it rains.
　　　　（雨が降る<u>といけないから</u>傘を持って行きなさい。）

⑤ 譲歩　**Although (=though)** he did his best, he was not elected as governor.
　　　　（彼は最善をつくした<u>けれども</u>、知事には選ばれなかった。）

(3) 重要構文

① 名詞＋that 節
　　　I know **the fact that** he has divorced.（彼が離婚したという事実を知っている。）

② so＋形容詞/副詞＋that… / such＋名詞＋that…（非常に～なので…、…するほど～）
　　　The train was **so crowded that** I could not get a seat.
　　　（その電車は<u>非常に</u>込んでいた<u>ので</u>座れなかった。）
　　　It was **such a crowded train that** I could not get a seat.
　　　（それは<u>非常に</u>込んでいた電車だった<u>ので</u>座れなかった。）

③ …, so that ～（…、その結果 ～）
　　　He studied hard, **so that** he could pass the examination.
　　　（彼は一生懸命勉強をした。<u>その結果</u>その試験に受かることができた。）

④ (as soon as / the moment / the instant / directly)＋S＋V…（S が～したとたんに）
　　　The moment I saw her, I knew she was your sister.
　　　（彼女を見た<u>瞬間に</u>、あなたの妹だとわかった。）

⑤ whether A or B　（A か B か）「名詞節」、(A であろうと B であろうと)「譲歩の副詞節」
　　　We don't know **whether** it is true **or** not.　　　　　　「名詞節」
　　　（私達はそれが真実である<u>かどうか</u>わからない。）
　　　Whether it rains **or** not, we'll go out tomorrow.　　　　「譲歩の副詞節」
　　　（雨が降<u>ろうと</u>降る<u>まいと</u>、私達は明日外出するでしょう。）

⑥ S＋had no sooner＋過去分詞～＋than… / S＋had hardly (または scarcely)＋過去分詞
　　～＋when (または before)…　（S が～するかしないうちに…）
　　　He **had hardly** got on the train **when** it started.（彼が乗車した<u>とたんに</u>発車した。）

⑦ not ～until (または till)… / It is not until (または till)… that ～（…してはじめて～だ）
　　　It is not until we lose health **that** we know the value of health.
　　　（私達は健康を失っ<u>て初めて</u>その価値を知る。）

Unit 11 Exercises

1 (　) に入る最も適切な接続詞を選び、○で囲みなさい。
1) They arrived on time, (as, although, because, when) the traffic was quite heavy.
2) She is popular among her classmates, (yet, so, for, though) she is always kind to them.
3) He was reading a magazine (unless, in case, while, until) I was cooking.
4) She didn't go shopping (but, if, until, since) it was raining very hard.
5) We had hardly got on the train (however, before, after, once) it started.

2 (　) に適語を入れて、日本文に合う英文を完成させなさい。
1) Excuse me, (　　　) aren't you Mr. Sato?　　　（失礼ですが、佐藤さんではないですか。）
2) He knows the fact (　　　) they divorced.　　　（彼等の離婚の事実を彼は知っている。）
3) We don't know whether it is true (　　　) not.　　　（私達はそれが真実かどうか分らない。）
4) He did his best, (　　　) that he won a game.　　（最善を尽くしたので彼は試合に勝った。）
5) She will come, (　　　) she has time.　　　（彼女は時間があれば来るでしょう。）

3 間違っている箇所に下線をひいて、適切な形に直したものを (　) に入れなさい。
1) Both you and I am correct.　　　　　　　　　　　　　(　　　　　)
2) Leave now, or you'll catch the bus.　　　　　　　　　 (　　　　　)
3) The train was such crowded that he couldn't get a seat.　(　　　　　)
4) Let's stay here until the rain will stop.　　　　　　　　(　　　　　)
5) She is shy and will neither sing or dance at the party.　 (　　　　　)

4 次の語句を並び替えて、文を完成しなさい。但し、文頭に来る語を大文字にしなさい。
1) you / umbrella / in / take / with / rains / this / case / it / .

2) I / that / key / trouble / my / somewhere / the / lost / is / .

3) he / or / us / difference / whether / no / joins / makes / not / it / .

4) we / been / a / separated / while / it / quite / since / has / .

5) we / Japan / not / from / yesterday / departure / was / that / her / until / knew / it / .

Unit 12　助動詞

　助動詞は文字通り「動詞を助ける詞」で、疑問、否定、時制、態などを表す。主語の人称や単数・複数形に関係なく、語形は変わらない。現在形と過去形の2つだけで、過去形の場合でも必ずしも過去の意味を表すとは限らない。

１．**be** 動詞…同形の語が本動詞としても用いられるが、助動詞としてはそれぞれの文の中で本動詞を助けて、疑問や否定の形を作り、時制や態などを表す。

(1) 進行形　　be ＋ 現在分詞

　　　　He <u>is</u> studying English now.　（彼は今英語を勉強している。）

(2) 受動態　　be ＋ 過去分詞

　　　　She <u>was</u> loved by everybody.　（彼女はみんなに愛されていた。）

(3) 不定詞　　be ＋ to 動詞の原形　…不定詞が be 動詞の補語になる

①　予定　（～する予定である、～することになっている）

　　　　The next meeting <u>is to be held</u> on Monday.　（次回の会合は月曜日に開かれる予定だ。）

②　可能　（～できる）　　＊否定形で使われる。

　　　　Not a cloud <u>is to be seen</u> in the sky.　（空には雲ひとつ見えない。）

③　命令・義務　（～すべきである、～しなければならない）

　　　　You <u>are to be</u> silent.　（黙るべきである。）

④　意図　（～するつもりである）　＊条件を表す if 節で使われる。

　　　　If you <u>are to succeed</u> in business, you should work hard..

　　　　（ビジネスで成功するつもりならば、一生懸命働くべきだ。）

⑤　運命　（～する運命である）

　　　　He <u>was</u> never to see them again.　（彼は彼等と二度と会えない運命にあった。）

２．**have**…助動詞 be と同様に同形の語が本動詞としても用いられるが、それぞれの文の中で本動詞を助けて、疑問や否定の形を作り、時制や態などを表す。

(1) 完了形　　have（had）＋ 過去分詞

　　　　He <u>has</u> been in Tokyo for a year.　（彼は1年間ずっと東京にいる。）

　　　　I <u>had</u> been to Nara before I left Japan.　（日本を立つ前に奈良に行ったことがあった。）

(2) 必要・義務　　have ＋ to 動詞の原形　…「～しなければならない」の意味になる。

　　　　You <u>had</u> to study English.　（あなたは英語を勉強しなければならなかった。）

＊"have to ～"は必要・義務を単に表しているだけで実際にするかどうかは不明であるが、

　"had to ～"は「～しなければならなかったので実際にした」ことになる。

３．**do**…助動詞 be や have と同様に同形の語が本動詞としても用いられるが、それぞれの文中で本動詞を助けて疑問や否定の形を作り、時制や態などを表す。主語が3人称単数で現在形の場合には、do は does になる。過去形は人称や単数・複数形に関係なく did である。

(1) 否定文…not を伴って「～でない」の意味を表す。

　　　　I <u>don't</u> play tennis.　（私はテニスをしない。）

She **doesn't** play tennis.（彼女はテニスをしない。）

She **didn't** play tennis.（彼女はテニスをしなかった。）

(2) 疑問文

Does he play tennis?（彼はテニスをしますか？）

— Yes, he **does**. / No, he **doesn't**.（はい、します。いいえ、しません。）

(3) 強調　| do, does, did ＋ 動詞の原形 |　＊助動詞 do, does, did は強めに発音される。

Do be quiet!（本当に静かにしなさい。）

The earth **does** move.（それでも地球は回っている。）

She **did** come at last.（彼女がやっと来た。）

> ★代動詞 do … 前に一度出た動詞の代わりに使われる。
>
> You didn't clean your room.　**Do** (= Clean) it right now.
> （あなたは部屋を掃除しなかったわね。今すぐしなさい。）
>
> Who broke the window?　Tom **did** (= broke).
> （誰がその窓をこわしたの？　トムです。）

4．助動詞 can, could…can の過去形は **could** または **was/were able to** で表し、未来形は **will be able to** で表す。

(1) 可能・能力（～できる）

She **can** dance very well.（彼女はとても上手に踊ることができる。）

He **couldn't** follow a word I said.（彼は私が言った一言も理解できなかった。）

He **will be able to** speak French soon.（彼はすぐに仏語を話せるようになるでしょう。）

(2) 許可（～してもよい）

Can I open the window?　　Yes, you **can**. / No, you **can't (=cannot)**.

（窓を開けてもよいですか？　ええ、いいですよ。いいえ、いけません。）

＊Yes, you can. や No, you can't (=cannot). などの「許可を与える・与えない」という意味の直接的な答え方は、目上の人や上司などに対しては失礼な表現になる。次のように間接的で丁寧な表現で答える方が無難である。

(Yes の場合)　Yes, of course. / Yes, please (do). / Sure.

(No の場合)　I'm sorry, but you can't. / I'm afraid, but you can't.

(3) 依頼（～してもらえますか）

Can you open the window?（窓を開けてもらえますか？）

Could you open the window?（窓を開けていただけますか？）

(Yes の場合)　Sure. / Yes, certainly.（ええ、いいですよ。）

(No の場合)　I'm sorry I **can't**.（ごめんなさい。できません。）

(4) 可能性・推量（～できる、～でありうる）

We **can** see you tomorrow.（明日私達はあなたにお会いできるでしょう。）

Could it happen again?（それはまた起こり得るだろうか？）

(5) 否定的推量（～であるはずがない）

　　　She **can't** be his sister.（彼女は彼の妹であるはずがない。）

５．助動詞 may, might
(1) 許可（～してもよい）

　　　You **may** go now.（あなたはもう行ってもよい。）

　　　May I go now?　— Yes, you **may**. / No, you **may not**.

　　　（もう行ってもよいですか？　ええ、いいですよ。いいえ、いけません。）

＊Yes, you **may**. / No, you **may not**.などの答え方は相手に許可を与える表現で、時には失礼な言い方にもなる。肯定する場合には "Sure." や "Yes, certainly." などと答えるのが無難で、否定の場合には "Oh, I'm sorry, but …" などのように婉曲的な表現を使うと良い。強い禁止を表したいときには、"**No, you must not.**"（いいえ、してはいけない）を使う。

　　　Might I go now?（もう行ってもよろしいでしょうか？）

＊Might I ～? は May I ～?よりもやや丁寧で控え目な表現で、より遠慮した許可の求め方になる。

(2) 推量（～かもしれない）

　　　It **may** rain tomorrow.（明日雨が降るかもしれない。）

　　　It **might** rain tomorrow.（もしかしたら明日雨が降るかもしれない。）

＊might は仮定法にした形で、may よりもやや疑いの気持ちが強く可能性が薄いというニュアンスを含んではいるが、大体同じ意味である。

(3) 過去の推量（～であったかもしれない）　　　may (might) ＋have ＋ 過去分詞

　　　It **may have rained** last night.（昨晩雨が降ったのかもしれない。）

(4) 願望・祈願 （～でありますように）　　　May ＋ S ＋V！

　　　May you all be happy!（あなた方皆が幸福でありますように。）

＊感嘆文では、may＋主語＋動詞の語順になる。この意味では、might は使えない。この祈願文は文語体の表現で、口語では "I hope you all will be happy." のように表現する。

(5) その他の用法

　may（＝might）as well 　～（～する方が良い）

　may（＝might）well 　～（～するのももっともだ）

　　　You **may as well** write to her.（彼女に手紙を書く方が良い。）

　　　You **may well** be angry with her.（彼女に怒るのももっともだ。）

６．助動詞 must
(1) 必要・義務（～しなければならない）
① 現在形

　　　You **must** stop smoking.（あなたは禁煙しなければならない。）

　　　Must you stop smoking?　— Yes, I must. / No, I don't have to.

　　　（あなたは禁煙しなければならないですか？ええ、そうです。いいえ、違います。）

② 過去形…must には過去形がないので、must と同じ意味の have to の過去形 had to を用いる。断言的に決めつける感じの must より have to の方が柔らかい印象を与える。

　　　You **had to** stop smoking.（あなたは禁煙しなければならなかった。）

③ 未来形…未来形には will have to を用いる。

　　　You **will have to** stop smoking.（あなたは禁煙しなければならないでしょう。）

④ 否定形…否定形を表す場合には、**must not**（～してはいけない）が強い禁止を表すために **do not have to** ～ や **need not** ～（～する必要がない）を用いる。

　　　You **do not have to** stop drinking alcohol.（あなたは禁酒する必要はない。）

　　　You **did not have to** stop drinking alcohol.（あなたは禁酒する必要はなかった。）

(2) 肯定的推量（～にちがいない）…話し手が確信している場合に用いる。推量・推定を表す助動詞としては、**must, will, may, might** の順に確信度が弱くなる。必要・義務を表す **must** と同じ意味を持つ **has/have got to** という表現は肯定的推量でも用いることができる。

　　　You **must** be joking. = You**'ve got to** be joking. = You**'ve got to** be kidding.

　　　（君は冗談を言っているに違いない。）　＊口語では joke の意味で kid がよく使われる。

7．助動詞 will, would

(1) 単純未来 will（～でしょう）…話し手や主語の意志の入らない単なる未来を表す。

　　　He **will** be 20 years old next year.（彼は来年 20 歳になるでしょう。）

(2) 意志（～しようとする）…前から考えていたものではなく、その場で生まれた意志である。

　　　I **will** lend you this book.（あなたにこの本を貸そう。）

　　　He **would** not follow my advice.（彼は私の忠告に従おうとはしなかった。）

(3) 習慣・習性（よく～する）…不規則な習慣や反復行為を表す。

　　　She **will** often go shopping.（彼女はよく買い物に行く。）

　　　She **would** often go shopping when she lived there.

　　　（彼女はそこに住んでいた頃、よく買い物にでかけたものだった。）

(4) 依頼（～してもらえませんか）

　　　Will you open the window?（窓を開けてもらえませんか？）

　　　Would you open the window?（窓を開けていただけませんか？）＊やや丁寧な表現

(5) 慣用的な表現

　would like to＋動詞の原形　（～したい）

　would like＋O＋to＋動詞の原形　（O に～してもらいたい）

　　　　　　　　　　　　　　　＊O と to 動詞の原形は意味上の主語・述語の関係である。

　　　I **would like to** sing a song.（私は歌を 自分で 歌いたい。）

　　　I **would like** you **to** sing a song.（私は あなたに 歌を歌ってもらいたい。）

8．助動詞 shall…意志（～しましょうか）を表し、相手の意志を尋ねる疑問文で使う。

　　　Shall I open the window?（私が窓を開けましょうか？）

　　　Shall we dance? = Let's (=Let us) dance!（踊りましょうか？）

Unit 12

9．助動詞 should
(1) 義務・当然（～すべきだ、～するのが当然だ）
　　　　We <u>should</u> follow his advice.（我々は彼の忠告に従うべきだ。）
(2) 驚き・意外（どうして～なのか）…相手の発言に対する反発や、発言を意外に思って驚いている気持ちを表す。疑問詞と共に用いる。
　　　　How <u>should</u> I be there?　I am here all day.
　　　　（どうして私がそこにいるはずがあるのか？今日はずっとここにいる。）
(3) 提案・主張…that 節の中で使われて、主節が現在形でも過去形でも that 節の中の時制は変わらない。should は省略されることもある。
　　　　We proposed that we (<u>should</u>) hold a welcome party for them.
　　　　（私達は彼等のために歓迎会を開くことを提案した。）
(4) その他… It is ＋形容詞＋that 節 の中で、感情的判断を表す形容詞と共に使われるが、省略されることもある。
　　　　It is important that we (<u>should</u>) understand a different culture.（異文化理解は重要だ。）

10．助動詞 ought to…should とほぼ同じ意味で用いられる。
(1) 義務（～すべきである）
　　　　You <u>ought to</u> think more about your family.（もっと家族のことを考えるべきだ。）
(2) 当然（～するはずである）
　　　　He <u>ought to</u> be here now if he left home at ten.
　　　　（彼は 10 時に家を出たなら、もうここに来ているはずだ。）

11．助動詞 used to…過去の長期間に及ぶ状態や常習的行為を表す場合に用いられる。疑問文や否定文は、一般動詞と同じ扱いで、助動詞 do を用いる。
(1) 過去の状態（以前は～だった）
　　　　The river <u>used to</u> be clear.（以前その川は澄んでいた。）
　　　　There <u>used to</u> be a ball park around here.（この辺にはかつて野球場があった。）
(2) 過去の習慣的動作（以前はよく～したものだった）
　　　　He <u>used to</u> go swimming in the river.（彼は以前よくその川に泳ぎに行った。）
＊be used to ～ing「～に慣れている」と混同しやすいが、to は前置詞なので、直後には動詞の原形ではなく動名詞、つまり名詞(句)が来る。

12．助動詞 need, dare…助動詞としての need と dare は、疑問文と否定文だけに用いられる。need は動詞としても使われるので、その違いに注意する。
(1) need（～する必要がある）
　　　　You <u>needn't</u> work so hard.（あなたはそんなに一生懸命働く必要はない。）
(2) dare（思い切って～する、～する勇気がある）
　　　　How <u>dare</u> you do such a thing?（よくもまあそんなことができるね。）
　　　　He <u>dare</u> not jump down from there.（彼はそこから飛び降りる勇気はない。）

Unit 12 Exercises

1 （　）に入る適語を選び、○で囲みなさい。
1) "May I park here?" "No, you （don't, won't, mustn't） ."
2) I couldn't go out because I （would, had to, might） finish my homework.
3) "Must I explain this data?" "No, you （don't have to, can't, daren't） ."
4) We must leave now. We （shall, may, need） be late.
5) I suggest that we （will, may, should） visit Paris next week.

2 （　）に適語を入れて、日本文に合う英文を完成させなさい。
1) How (　　　) I get there?　　　　　（どうやってそこに行ったら良いの？）
2) You (　　　) not to say so.　　　　　（そんなことを言うべきではない。）
3) He (　　　) jump from there.　　　　（彼はそこからジャンプする勇気がある。）
4) I (　　　) think so.　　　　　　　　（私はそう思う。）
5) You (　　　) do that.　　　　　　　（そうする必要はない。）

3 間違っている箇所に下線をひいて、適切な形に直したものを（　　　）に入れなさい。
1) She will can speak French after a long stay in Paris.　　（　　　　　）
2) You had not better eat too much.　　　　　　　　　　（　　　　　）
3) That gossip mustn't be true.　　　　　　　　　　　　（　　　　　）
4) He might fish in the river when he was a boy.　　　　　（　　　　　）
5) You would be very smart to have done it.　　　　　　　（　　　　　）

4 次の語句を並び替えて、文を完成しなさい。但し、文頭に来る語を大文字にしなさい。
1) explain / to / our / have to / this / we / customers / will / .

2) here / be / park / to / lovely / around / used / a / there / .

3) to bring / is / the / visit / to / his family / on / next / his / going / he / exposition / .

4) player / hope / but / not / he / is / I / will / football / in / the / good / a / future / be / Sam / now / .

5) it / would / to / all / as / we / travel / over / has / many / like / interesting / England / places / .

53

Unit 13　受動態

　目的語を必要とする他動詞のある文では、動作を行うものを主語にする場合と、動作を受けるものを主語にする場合とで、他動詞の語形が変化する。この語形変化を「**態**」と言い、**能動態**と**受動態**の2種類がある。受動態は be＋過去分詞 の形で受け身の動作を表す「～される」の意味と、受け身の状態を表す「～されている」という2つの意味がある。

能動態「SはOを～する」／ 受動態「OはSによって～される、～されている」

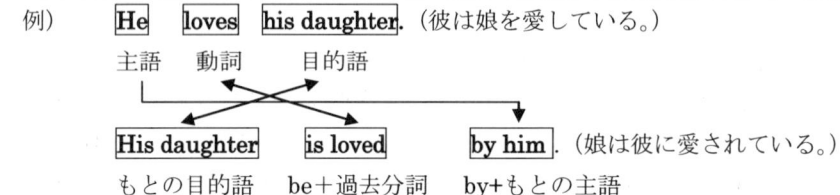

例）　He loves his daughter.（彼は娘を愛している。）
　　　主語　動詞　目的語

　　　His daughter　is loved　by him.（娘は彼に愛されている。）
　　　もとの目的語　be＋過去分詞　by+もとの主語

＊動作主にはbyを用いるが、慣用句的に他の前置詞が来る場合がある。

1．受動態を作る文型…能動態の目的語を主語にして作るので、目的語のない第1文型(S＋V)や第2文型(S＋V＋C)の文は受動態を作ることはできない。

(1) 第3文型　（S＋V＋O）

　　　We respect him.　⇒　He is respected by us.
　　　S　V　　O　　　　　S　　V

　　　（私たちは彼を尊敬している。）（彼は私たちに尊敬されている。）

(2) 第4文型　（S＋V＋O＋O）…直接・間接を問わず、目的語が受動態の主語になる。

　　　He teaches us English.　⇒　We are taught English by him.
　　　S　V　O　O　　　　　　　　S　　V　　O

　　　（彼は私たちに英語を教える。）（私たちは彼に英語を教えられる。）

　　　　　　　　　　　　　　⇒　English is taught us by him.
　　　　　　　　　　　　　　　　S　　V　　O

　　　　　　　　　　　　　　　（英語は彼によって私たちに教えられる。）

(3) 第5文型　（S＋V＋O＋C）

　　　Everybody calls her Liz.　⇒　She is called Liz by everybody.
　　　　S　　V　O　C　　　　　　S　　V　　C

　　　（皆は彼女をリズと呼んでいる。）（彼女は皆にリズと呼ばれている。）

2．受動態の時制…be動詞や助動詞の変化によって示されるが、8種類ある。

(1) 現在時制　　am, is, are ＋ 過去分詞

　　　She is loved by everybody.　（彼女は誰からも愛されている。）

(2) 過去時制　　was, were ＋ 過去分詞

　　　Her diamond necklace was stolen by the thieves.
　　　（彼女のダイヤモンドのネックレスが泥棒に盗まれた。）

(3) 未来時制　　will (shall) be ＋ 過去分詞

Unit 13

  A new job **will be given** her.（彼女に新しい仕事が与えられるだろう。）
(4) 現在進行形 | am, is, are ＋ being ＋ 過去分詞 |

  An interesting story **is being told** her children by her.
  （ある面白い話は彼女によって子供たちに語られているところです。）
(5) 過去進行形 | was, were ＋ being ＋ 過去分詞 |

  An interesting story **was being told** her children by her.
  （ある面白い話は彼女によって子供たちに語られているところでした。）
(6) 現在完了時制 | have (has) been ＋ 過去分詞 |

  A new shop **has just been opened** here.（新しいお店がここに丁度オープンした。）
(7) 過去完了時制 | had been ＋ 過去分詞 | …時間のずれを表現する。

  I found that my window **had been broken** when I entered my room last night.
  （昨夜自分の部屋に入ったら窓が割られているのを発見した。）
(8) 未来完了時制 | will (shall) have been ＋ 過去分詞 |

  His television **will have been repaired** by Saturday.
  （彼のテレビは土曜日までに修理されているだろう。）

3．受動態の否定文…受動態形のbe動詞の後に**not**をつけて作る。
  He **is not (= isn't)** respected by us.（彼は私達に尊敬されていない。）

4．受動態の疑問文…疑問詞、助動詞、be動詞のある文と同じ手順で作る。
(1) 一般疑問文…普通のbe動詞のある疑問文と同じように、be動詞を文頭に持ってくる。
① 現在形
  Is English **taught** you by him? — Yes, it **is**./ No, it **isn't**.
  （英語は彼によって君達に教えられていますか？ええ、そうです。いいえ、違います。）
② 過去形
  Was her ring **stolen** by the thieves? — Yes, it **was**. / No, it **wasn't**.
  （彼女の指輪は泥棒に盗まれましたか？ええ、そうでした。いいえ、違いました。）

(2) 疑問詞を使う疑問文
① 疑問詞が主語の場合
  Who phoned the doctor?（誰が医者に電話をしたのですか？）
 ⇒ ＊**Who(m)** was the doctor phoned **by**? ＊口語体で使われる表現である。
  ＊**By who(m)** was the doctor phoned？ ＊文語体で使われる表現である。
  ＊文頭に目的格がくる上記2文の場合には、それぞれWhomかWho、By whomかBy whoのどちらでもよい。

② 疑問詞が補語の場合
  What do you call this vegetable in English? ＊youは一般主語である
  （英語ではこの野菜を何と言いますか？）
 ⇒ **What** is this vegetable called in English? ＊by youが省略されている
  （英語ではこの野菜は何と言われていますか？）

Unit 13

③ 疑問詞が目的語の場合

    Which has Tim **chosen**?（ティムはどちらを選んだのですか？）

 ⇒ **Which** has been **chosen** by Tim？（どちらがティムによって選ばれましたか？）

5．助動詞がある文の受動態　　助動詞＋be＋過去分詞

   The regulations **ought to be obeyed** by people.（規則は人々に順守されるべきだ。）

6．一般主語のある受動態…一般主語 people, we, you, they などのある能動態の文からできた受動態の文では、by people, by us, by you, by them などは省略されることが多い。

 （能動態）They speak Italian in Italy.　　＊they はイタリア人全体を表す

   （では(人々は)イタリア語を話します。）

 （受動態）Italian **is spoken** in Italy.　　＊by them は通常省略される

   （イタリアではイタリア語が話される。）

   The café **is opened** at 10 every morning and **closed** at 8 every night.

   （そのカフェは毎朝 10 時に開けられて、毎晩 8 時に閉められる。）

7．注意すべき受動態

(1)（動作主が by 以外の）慣用句的表現

   We **are** very much **interested in** English.（私達は英語にたいへん興味がある。）

   I **was surprised at** the news.（私はそのニュースに驚いた。）

   The Beatles **is known to** everybody.（ビートルズは皆に知られている。）

(2)（動作主ではなく手段を表す）慣用句的表現

   The mountain **is covered with** snow.（その山は雪で覆われている。）

   He **is pleased with** his new car.（彼は新車を気に入っている。）

   She will **be delighted at** his success.（彼女は彼の成功を喜ぶでしょう。）

   I **was satisfied with** the last game.（私は最後の試合に満足した。）

(3)　have ＋ (代)名詞 ＋ 過去分詞　…過去分詞にあたる動作が、望ましいものであれば「～してもらう」で、望ましいものでなければ「～される」という意味になる。

   I **have** my hair **cut** by my sister.（私は姉に髪の毛を切ってもらう。）

   He **had** his bicycle **stolen** yesterday.（彼は昨日自転車を盗まれた。）

(4) 群動詞の受動態…群動詞は基本的な動詞に副詞や前置詞を組み合わせた動詞句だが、一つの動詞と考える。

   He **is looked up to** by everybody in his class.（彼はクラスの皆に尊敬されている。）

   Five children **were brought up** by her mother.（5 人の子供が彼女の母に育てられた。）

   The meeting **was put off** until Friday (by them).（会議は金曜日まで延期された。）

(5) get / become＋過去分詞…「be＋過去分詞」よりも「get/become＋過去分詞」の方が「～される」という受け身の動作の感じをやや強く表す。

   The bad news **became known** soon.（その悪いニュースはすぐに知られた。）

   He **got bitten** by a snake in the jungle.（彼はジャングルで蛇にかまれた。）

Unit 13　Exercises

1　(　)に入る適語を選び、○で囲みなさい。
1) The store is closed (on, in, at, by) Sunday.
2) She is known (as, by, to, for) everybody.
3) He got (injure, injuring, injured, to be injured) on the way to work.
4) They were seen (enter, entering, to enter, to be entered) the watering hole.
5) It (says, says to, said, is said) that he is going to quit the present job.

2　(　)に適語を入れて、日本文に合う英文を完成させなさい。
1) I was spoken (　　　) by a stranger.　　　（私は見知らぬ人に話しかけられた。）
2) (　　　) was she phoned by?　　　（誰が彼女に電話をしたのですか？）
3) He (　　　) his hair cut by his mother.　　　（彼は母親に髪の毛をカットしてもらう。）
4) What (　　　) this plant called?　　　（この植物は何と呼ばれていますか。）
5) She was (　　　) helped.　　　（彼女は手伝わされているところでした。）

3　間違っている箇所に下線をひいて、適切な形に直したものを (　　　) に入れなさい。
1) He was satisfied by the news.　　　　　　　(　　　　　)
2) She was surprised by the news.　　　　　　(　　　　　)
3) They were brought up their grandmother.　　(　　　　　)
4) We were made work hard all night.　　　　(　　　　　)
5) He had his bike steal last month.　　　　　(　　　　　)

4　次の語句を並び替えて、文を完成しなさい。但し、文頭に来る語を大文字にしなさい。
1) classmates / he / at / his / laughed / was / by / .

2) her / roses / given / him / she / for / by / birthday / was / pink / .

3) the / jam / got / to / in / his / caught / on / traffic / way / he / work / .

4) he / there / mother / to / made / alone / his / was / by / go / .

5) he / award / for / by / audience / nominated / attracted / a / him / was / and / is / an / large / .

Unit 14　不定詞

不定詞とは通常 to の付いた不定詞のことを指すが、to の付かない原形不定詞もある。

1．不定詞の用法

(1) 名詞的用法…to 不定詞が名詞の働きをする。主語・目的語・補語として用いられて「〜すること」という意味になる。

① 主語

　　　To read English books is very useful.（英語の本を読むことはとても役にたつ。）
　　　　　S　　　　　　　V　　C

② 目的語…動詞の目的語となって「〜することを」という意味になる。不定詞だけを目的語にとる動詞、動名詞だけを目的語にとる動詞、不定詞と動名詞の両方を目的語にとる動詞がある。

（不定詞だけを目的語にとる動詞）

| agree | ask | decide | desire | expect | hope | learn | manage |
| mean | offer | plan | pretend | promise | refuse | want | wish |

（不定詞と動名詞の両方を目的語にとる動詞）

| begin | continue | hate | like | love | start | *forget | *regret |
| *remember | *stop | *try | | | | | |

　　　　　　　　　　　　　　　　　　　　　＊目的語が不定詞と動名詞では意味が異なる

　　　She has decided to open a café in Paris.（彼女はパリにカフェを開くことを決めた。）
　　　　S　　V　　　　O

③ 疑問詞 ＋ to 不定詞 …名詞句を作り、動詞の目的語になる。

cf.　what to do（どうしたらよいか）　　　　how to do　（どうやったらよいか）
　　　when to do（いつしたらよいか）　　　　where to go（どこに行ったらよいか）
　　　I wonder which way to go.（どの道に行ったらよいのかなあ。）

④ 補語

　　　My hobby is to collect butterflies.（私の趣味は蝶の収集です。）
　　　　S　　V　　　C

(2) 形容詞的用法…to 不定詞が形容詞の働きをして名詞を修飾する。不定詞の直前が名詞の場合には、不定詞は形容詞的用法であることが多い。

　　　Do you like anything to eat now?（今何か食べたいものがありますか？）
　　　　　　　　　名詞

　　　She has something to tell you.（彼女が何かあなたに言いたいことがある。）
　　　　　　　　名詞

(3) 副詞的用法…to 不定詞が副詞の働きをして、形容詞・副詞・動詞・文全体を修飾する。

① 目的（〜するために）

Unit 14

　　　He went to Paris **to study art**.（彼は芸術を勉強するためにパリに行った。）
② 原因（～して）
　　　We are very glad **to hear** from you.（あなたから連絡をもらってとても嬉しい。）
　　　I'm sorry **to *have kept** you waiting so long.（そんなに長く待たせてすみません。）
＊「待たせた」時間と「現在申し訳なく思う」時間のずれを現在完了形で表現している。
③ 理由（～するとは）
　　　He was brave **to help** them in that situation.
　　　（あの状況で彼等を助けるなんて彼は勇敢だった。）
④ 結果（～してその結果…）
　　　He grew up **to be** a great musician.（彼は成長して偉大な音楽家になった。）
⑤ 独立不定詞… 慣用表現で、文全体を修飾する。

to begin with（第一に）	to tell you the truth（実を言うと）
to be honest（正直に言うと）	needless to say（言うまでもなく）
to put it short（手短に言うと）	strange to say（妙なことだが）

　　　To speak frankly, I'm not fond of classical music.
　　　（率直に言うと、クラシック音楽は好きではない。）

2．不定詞を用いた構文
(1) ｜It is +（人の性質を表す）形容詞+ of +意味上の主語 S'+ to + 動詞の原形｜
　　　（S'が～するのは…である）…この構文でよく用いられる形容詞には **brave**, **clever**,
　　　nice、**rude**、**silly**、**stupid**、**wise** などがある。
　　　It is very **kind** of you **to help me**. = You are very kind to help me.
　　　（あなたが私を助けてくれるのはとても親切だ。⇒助けてくれてありがとう。）
＊不定詞を否定する場合には、to 不定詞の前に **not** を入れて否定の意味を表す。
　　　It is **smart** of you **not to do so**.（あなたがそうしないのは賢い。）
(2) ｜be 動詞＋to 不定詞｜
① 予定（～することになっている）
　　　Our plane for London **is to take off** from Narita Airport at 10 a.m.
　　　（私達が乗るロンドン行の飛行機は成田空港を午前 10 時に離陸する予定だ。）
　　　The international conference **is to be held** on June 21.
　　　（その国際会議は 6 月 21 日に開催される予定だ。）
② 義務（～しなければならない）
　　　You **are to clean** your room by noon.
　　　（あなたは自分の部屋をお昼までに掃除しなければならない。）
③ 可能（～することができる）　　　＊受動態や否定文で使われることが多い。
　　　Nothing **is to be done** any more.（もうこれ以上何もできない。）
④ 意図（～するつもりである）　　　＊条件節の中で使われる。

Unit 14

  If you **are to get** a good grade, you should work hard.
   （良い成績をとるつもりであるなら、一生懸命勉強するべきだ。）
⑤ 運命（〜する運命である）
   They **were to meet**.（彼等は出会う運命だった。）
(3) too＋形容詞または副詞＋to＋動詞の原形 （あまりにも〜なので、…できない）
   This book is **too** difficult for me **to** understand.
   （この本はあまりにも難しすぎて私には理解できない。）
(4) 形容詞または副詞＋enough to＋動詞の原形 （非常に〜なので…する）
   This book is easy **enough to** understand.（この本は非常に易しいので理解しやすい。）
(5) in order to / so as to＋動詞の原形 （〜するために）
   He got up early **in order to** be in time for the first train. ＝He got up early **so as to**
   be in time for the first train.（彼は始発電車に間に合うように早く起きた。）

3．原形不定詞 S＋V＋O＋原形不定詞
(1) 知覚動詞 hear listen to see watch look at feel notice
   We **heard** Michie **play** the piano at a charity concert.
   （私達は実稚江さんがチャリティ・コンサートでピアノを演奏するのを聞いた。）
＊hear、see、feel が受動態の文を作る際には 不定詞の to 〜 が必要となる。
   Michie **was heard to play** the piano at a charity concert by us.
   （実稚江さんはチャリティ・コンサートでピアノを演奏するのを私達に聞かれた。）
(2) 使役動詞
① make…強制的手段を表し、強制的に「…に 〜 させる」という意味になる。
   make＋目的語＋原形動詞
   He **made** me **clean** his room.（彼は私に自分の部屋を掃除させた。）
＊make が受動態の文を作る際には不定詞の **to** が必要となる。
   I was made **to clean** his room by him.（私は彼の部屋を掃除させられた。）
② let…許可の使役で「…に〜させてあげる」の意味になる。 let＋目的語＋原形動詞
   She **let** me **use** her computer.（彼女は私に彼女のコンピューターを使わせてくれた。）
③ get…相手を説得して「…に〜させる」という意味になる。 get＋目的語＋to 不定詞
   She **got** her husband **to go** shopping with her.（彼女は夫を買い物につきあわせた。）
＊get to 〜を使うことによって、気の乗らないご主人が説得された様子が表現されている。
④ have have＋目的語＋原形動詞 …「…に〜してもらう」という意味になる。
   I **had** my hair **cut** yesterday.（昨日私は髪の毛を切ってもらった。）
⑤ help help＋目的語＋(to)原形動詞 …「…に〜してもらう」という意味になる。使役動詞に準ずる。to はつけてもつけなくともどちらでも良い。
   This book **helped** me (to) **understand** more about the impressionists.
   （この本は私が印象派についてより多くのことを理解する助けとなった。）

Unit 14 Exercises

1 ( ) に入る適語を選び、〇で囲みなさい。
1) We should bring something (to write, to writing, to write with, with writing).
2) You are supposed (to smoke, to smoking, to not smoke, not to smoke) in the train.
3) She was heard (play, playing, to play, to be playing) the piano by him.
4) He is (visit, to visit, to visiting, about visiting) England next week.
5) The watch was nowhere (find, finding, to find, to be found) at last.

2 ( ) に適語を入れて、日本文に合う英文を完成させなさい。
1) It's time (   ) go to bed.   (寝る時間ですよ。)
2) I didn't know (   ) to do.   (どうしたらよいか分らなかった。)
3) It was (   ) difficult to persuade him.   (彼を説得できなかった。)
4) He is the (   ) person to tell a lie   (彼は嘘をつく人ではない。)
5) He worked hard (   ) to fail.   (一生懸命頑張ったが失敗した。)

3 間違っている箇所に下線をひいて、適切な形に直したものを (   ) に入れなさい。
1) My job is watch baseball games.   (   )
2) He heard her sung his favorite song.   (   )
3) It is clever of you to not give up.   (   )
4) He kindly let me to do it.   (   )
5) She got her husband go dancing with her. (   )

4 次の語句を並び替えて、文を完成しなさい。但し、文頭に来る語を大文字にしなさい。
1) return / town / to / home / they / never / their / left / , / .

2) pianist / up / famous / to / grew / such / be / a / she / .

3) make / gathering / a / him / would / the / speech / we / to / at / like / .

4) early / for / the / train / to / home / enough / catch / left / Mt.Takao / we / first / .

5) there / were / hear / she / had / to / so / that / relieved / we / arrived / .

Unit 15　動名詞

動名詞は現在分詞と同様に動詞の原形に ing をつけたものだが、名前が示すように名詞と動詞の性質をあわせ持っている。主に名詞の働きをして「～すること」の意味になる。

１．動名詞の形

	単純形	完了形
能動態	doing	having done
受動態	being done	having been done

２．動名詞の否定形

　　not / never ＋ 動名詞 …否定を表す not や強い否定を表す never を動名詞の直前に置く。

　　I'm so sorry for **not calling** you.（電話をかけなくて本当にごめんなさい。）

　　He is proud of **never having made** any excuse.

　　（彼は今まで一度も言い訳をしたことがないのを誇りに思っている。）

３．動名詞の性質…名詞としての性質から文の主語・補語・目的語になり、動詞としての性質から補語・目的語をとり、形容詞としての性質から名詞を修飾する複合語を作る。

(1) 名詞的性質

① 主語

a)文頭の主語　　**Reading** a newspaper is important.（新聞を読むことは重要である。）
　　　　　　　　　　S　　　　　　　V　　C

b)形式主語　　　**It** is no use **crying** over spilt milk.
　　　　　　　形式主語 S V　C　　　　　　真主語
　　　　　　　（こぼれたミルクを嘆いても無駄だ。⇒ 格言 覆水盆に返らず）

② 補語

　　　　　　　　My hobby is **swimming**.（私の趣味は泳ぐことです。）
　　　　　　　　　　S　　　V　　C 動名詞

③ 目的語

a)動詞の目的語　She began **crying** suddenly.（彼女は突然泣き出した。）
　　　　　　　　　S　　V　　O

（動名詞だけを目的語にとる動詞）

| admit　appreciate　avoid　consider　defer　delay　deny　dislike　dread　endure |
| enjoy　escape　finish　imagine　involve　lie　mention　mind　miss　object |
| postpone　practice　prevent　quit　recall　recommend　regret　report　suggest |

（動名詞と不定詞の両方を目的語にとり、意味も同じ動詞）

| begin　　continue　　hate　　like　　love　　start |

（動名詞と不定詞の両方を目的語にとるが、意味が異なる動詞）

| forget　　regret　　remember　　stop　　try |

＊文の前後関係から「時間のずれ」がはっきりしている場合や、その表現自体に過去の出来事を表す意味が含まれている場合には、完了形を使う必要はなく、"～ing" 形を使うことがある。

Unit 15

★forget ～ing（～したことを忘れる）/ forget to ～（～することを忘れる）

　　I'll never <u>forget</u> **spending** the summer vacation in Canada.
　　（カナダで夏休みを過ごしたことを決して忘れないでしょう。）
　　Please don't <u>forget</u> **to mail** this letter.（この手紙を投函するのを忘れないで下さい。）

★remember ～ing（～したのを覚えている）/ remember to ～（忘れずに～する）

　　I <u>remember</u> **meeting** her at the party.（そのパーティで彼に会ったのを覚えている。）
　　I must <u>remember</u> **to give** the paper in to the teacher.
　　（忘れずに先生にレポートを提出しなければならない。）

★regret ～ing（～したことを後悔する）/ regret to ～（残念ながら～する）

　　I <u>regretted</u> **having informed** him of the happening.
　　（私は彼にその出来事を知らせてしまったことを後悔した。）
　　I <u>regret</u> **to inform** you of the result.（残念ながら君にその結果をお知らせします。）

★try ～ing（試しに～してみる）/ try to ～（～しようと努める）＊努力を要する際に用いる

　　She <u>tried</u> **baking** bread.（彼女は試しにパンを焼いてみた。）←実際にパンを焼いた。
　　She <u>tried</u> **to bake** bread.（彼女はパンを焼こうとした。）←実際にパンを焼いたかは不明。

★stop ～ing（～するのを止める）/ stop to ～（～するために立ち止まる）

　　　　　　He <u>stopped</u> **smoking**.　　　　He <u>stopped</u> **to smoke**.
　　　　　　（彼は禁煙した。）　　　　　　（彼は煙草を吸うために立ち止まった。）

smoking は**動名詞**で「煙草を吸うこと」の意味を表す stopped の目的語だが、to smoke は stopped の目的語ではなく、「煙草を吸うために」の意味を表す**不定詞の副詞的用法**である。

---

b) 前置詞の目的語…動名詞は前置詞の目的語になるという点で、不定詞とは異なる。

　　I am looking forward <u>to</u> **hearing** from you.（お便りを楽しみにしています。）
　　She is good <u>at</u> **skating**.（彼女はスケートが得意だ。）

(2) 動詞的性質

① 補語をとる

　　<u>His aim</u> **was** **being** promoted in his company.（彼の目的は会社での昇進であった。）
　　　S　　　V　　　C

＊動名詞 being が補語 promoted をとり、動詞と補語の関係であるが、being 以下が文全体の補語の役割をしている。

　　<u>She</u> **doesn't mind** **being** alone at home.（彼女は一人で家にいてもかまわない。）
　　　S　　　V　　　　O

＊動名詞 being が補語 alone をとり、動詞と補語の関係であるが、being 以下が文全体の目的語の役割をしている。

② 目的語をとる

　　Baking bread **is** a lot of fun!（パンを焼くことはとても楽しい。）
　　　S　　　V　　C

Unit 15

(3) 形容詞的性質…形容詞として「動名詞＋名詞」の形で複合語を作り、修飾する名詞の目的や用途を表す。「現在分詞＋名詞」の複合語は修飾する名詞の動作・状態を表す。「動名詞＋名詞」の場合にはアクセントが動名詞にあり、「現在分詞＋名詞」の場合にはアクセントは名詞にある。

（動名詞＋名詞）　a **sleeping** car　（=a car for sleeping）　寝台車
（現在分詞＋名詞）　a **sleeping** baby　（=a baby who is sleeping）　眠っている赤ちゃん
（動名詞＋名詞）　a **living** room　（=a room for living）　居間
（現在分詞＋名詞）　a **living** dog　（=a dog who is living）　生きている犬

★その他の複合語「動名詞＋名詞」

drinking water（飲料水）、a **sewing** machine（ミシン）、a **smoking** room（喫煙室）、
a **visiting** card（名刺）、a **waiting** room（待合室）、a **walking** stick（歩行用ステッキ）

4．動名詞の用法

(1) 動名詞の意味上の主語…文に示す場合と示さない場合がある。文の主語と動名詞の意味上の主語が一致しない場合には、動名詞の意味上の主語を名詞や代名詞の所有格または目的格で表す。

① 意味上の主語を示さない場合

a) 文の主語と意味上の主語が一致している場合

　　He is proud of **being** a heart surgeon.（彼は心臓外科医であることを誇りに思っている。）

b) 一般の人々が主語である場合

　　Taking care of senior citizens is a growing need.（高齢者の世話は必要が高まっている。）

c) 文の前後関係で意味上の主語がはっきりしている場合

　　Collecting bags is her hobby.（鞄の収集が彼女の趣味です。）

② 意味上の主語を示す場合

a) 所有格で表す…動名詞が主語である場合や、形式的な表現で用いる。

　　I insisted on <u>Tom's</u> **playing** the lead.（私はトムが主役になるべきだと主張した。）

b) 目的格で表す…動名詞の意味上の主語が名詞である場合や、特に無生物名詞の場合に用いるが、口語では代名詞の場合にも目的語を用いることがある。

　　She is proud of <u>her son</u> **being** a doctor.（彼女は息子が医者なのを誇りに思っている。）

(2) 動名詞の完了形 │**having＋過去分詞**│…主節の動詞の時制よりも前の時制を表す際に用いる。

　　He regrets **having left** the company.
　　（彼は会社を辞めてしまったことを後悔している。）

(3) 動名詞の受動態 │**being＋過去分詞**│

　　She likes **being called** by her nickname.（彼女はニックネームで呼ばれるのが好きだ。）

(4) 動名詞の完了形の受動態 │**having been＋過去分詞**│

　　　　　　　　　　　┌受動態┐
　　I am glad of **having been treated** like a VIP in a hotel.
　　　　　　　　└完了形┘

　　（私はそのホテルで VIP のように扱われたことを喜んでいます。）

Unit 15

5．動名詞の慣用的表現

① **cannot help** ～ing（～しないわけにはいかない）＊口語的な表現

　　　I **cannot help** feeling sorry for her.（彼女を可哀そうだと感ぜざるをえない。）

＊文語的な表現 cannot but＋動詞の原形　⇒I **cannot help but** feel sorry for her.

② **It is no use (good)** ～ing（～してもむだだ）

　　　It is no use (good) trying to get it.（それを手に入れようとしても無駄だ。）

＊反語的な表現 What is the use(good) of ～ing　⇒**What is the use(good) of** trying to get it?

③ **There is no** ～ing（～することはできない）

　　　There is no stopping the war between the two countries.

　　　（その２ヵ国間の戦争を止めることはできない。）

＊不定詞で言い換えができる。⇒**It is impossible to** stop the war between the two countries.

④ **feel like** ～ing（～したい気がする）

　　　I **feel like** shouting.（叫びたい気持ちだ。）

⑤ **be worth** ～ing（～する価値がある）

　　　The castle **is worth** visiting.（そのお城は訪れる価値がある。）

⑥ **on** ～ing（～するやいなや）

　　　On coming back home, he watched TV.（帰宅するやいなや、彼はテレビを見た。）

⑦ **mind** ～ing（～することを気にかける）

　　　I don't **mind** waiting here.（ここで待つのは一向に構わない。）

⑧ **keep (prevent) ... from** ～ing（...が～するのを妨げる）

　　　The bad weather **prevented** us **from** swimming in the sea.

　　　（悪天候のせいで私たちは海で泳げなかった。）

⑨ **be used to** ～ing（～するのに慣れている）　　　＊to が前置詞であることに注意する。

　　　I **am used to** driving on the right. ＝ I **am accustomed to** driving on the right.

　　　（私は右側運転に慣れている。）

⑩ **It goes without saying that** ～（～は言うまでもない）

　　　It goes without saying that good health is the most important in the world.

　　　（世の中で健康が一番大事なのは言うまでもない。）

⑪ **be far from** ～ing（決して～ではない）

　　　That task **is far from** being easy.（その任務は決して容易ではない。）

⑫ **What do you say to (How about / What about)** ～ing?（～するのはどうだい？）

　　　What do you say to going to a concert? ＝**How about** going to a concert? ＝ **What about** going to a concert?（コンサートに行くのはどうですか？）

⑬ **look forward to** ～ing＝**be looking forward to** ～ing（～するのを楽しみにしている）

　　　We **look forward to** seeing you again. ＝We **are looking forward to** seeing you again.

　　　（またお会いするのを楽しみにしています。）

Unit 15 Exercises

1 (　) に入る適語を選び、○で囲みなさい。
1) I won't forget (visiting, to visiting, be visiting, being visited) such a beautiful spot.
2) She doesn't mind (be, to be, being, to being) alone.
3) I look forward to (hear, hearing, be heard, have heard) from you.
4) He is used to (drive, driving, be driving, being driven) on the left.
5) I regretted (to tell, telling, to have told, having told) him the truth.

2 (　) に適語を入れて、日本文に合う英文を完成させなさい。
1) (　　　) giving up is necessary.　　　　　　（決して諦めないことが必要だ。）
2) I brought a bottle of (　　　) water.　　　　（私は飲料水を一本持ってきた。）
3) That museum is (　　　) visiting.　　　　　（その博物館は訪れる価値がある。）
4) They were in a (　　　) room.　　　　　　　（彼等は待合室にいた。）
5) It goes without (　　　) that life is important.（命が大事なのは言うまでもない。）

3　間違っている箇所に下線をひいて、適切な形に直したものを (　　) に入れなさい。
1) She is very good at translation French into Japanese.　　（　　　　）
2) Reading books are very important.　　　　　　　　　　（　　　　）
3) It is no use to try to persuade my father.　　　　　　　（　　　　）
4) I'm sorry not for writing to you before.　　　　　　　（　　　　）
5) There is no stop the dispute between the two countries.　（　　　　）

4　次の語句を並び替えて、文を完成しなさい。但し、文頭に来る語を大文字にしなさい。
1) what / a / say / after / eating / you / to / concert / out / do / music / ?

2) he / to / seeing / I / was / like / me / him / because / feel / strict / again / don't / .

3) a / daughter / is / difficult / proud / his / passed / such / of / having / exam / he / .

4) it / golf / always / when / gets / high / comes / to / scores / he / playing / , / .

5) English / should / making / afraid / not / mistakes / in / you / be / speaking / of / .

66

Unit 16　比較

比較は形容詞や副詞が表す性質などが他のものと比べてどうかを、原級・比較級・最上級で表現する方法である。比較級・最上級では形容詞や副詞の原級が語尾変化する。

原級　…形容詞・副詞のもとの形
比較級…2つのものを比べて、どちらの程度がより高いかを表す形
最上級…3つ以上のものを比べて、最も程度が高いことを表す形

１．原級の用法…本来は他のものと比較するものではないが、比較を表すこともできる。人や物の性質や数量などの程度を表すこともある。

(1) as＋原級＋as ～　（～と同じくらい…だ）

　　He can swim **as** <u>fast</u> **as** his brother.（彼は兄と同じくらい速く泳ぐことができる。）

(2) not as (so)＋原級＋as ～　（～ほど…でない）

　　Tom is **not as** <u>tall</u> **as** Bill.（トムはビルほど背が高くない。）

(3) ～ times as＋原級＋as …　（….の ～倍）

　　This bag cost three **times as** much **as** that bag.（この鞄はあの鞄の3倍の値段だった。）

(4) as＋原級＋as one can　／　as＋原級＋as possible　（できるだけ～）

　　Please reply to me as soon as you can.（できるだけ早く返事を下さい。）

　　He jumped as high as possible (= as high as he could).（彼はできるだけ高く飛んだ。）

(5) No (other) ＋ is as (so) ＋ 原級 ＋ as ～　／　Nothing ＋ is as (so) ＋原級＋as ～
　　（～ほど…なものはない）…形は原級であるが、最上級の意味を表す。

　　No other thing is **as** precious **as** good health.　（健康ほど大切なものはない。）

　　Nothing is as precious **as** good health.（健康と同じくらい大切なものはない。）

(6) not so much A as B（A よりむしろ B）／　not so much as ～　（～さえしない）

　　She is **not so much** a singer **as** an actress.（彼女は歌手と言うよりむしろ女優だ。）

　　He does **not so much as** clean his own room.（彼は自分の部屋さえ掃除しない。）

２．比較級・最上級の作り方

(1) 規則的な比較変化

① e の語尾　⇒　原級に -r, -st をつける

原級	比較級	最上級
large	larger	largest
nice	nicer	nicest

② 1母音字＋1子音字の語尾　⇒　子音を重ねて、原級に -er, -est をつける

big	bigger	biggest
hot	hotter	hottest

③ 子音字＋y の語尾　⇒　y を i に変えて、原級に -er, -est をつける

easy	easier	easiest
happy	happier	happiest

④ 上記以外の規則変化の1音節の語は、それぞれ原級の語尾に -er, -est をつける

tall	taller	tallest
warm	warmer	warmest

(2) 不規則的な比較変化

good/well	better	best
bad/ill	worse	worst
many/ much	more	most
little	less	least
old	older/elder	oldest/eldest
far	farther/further	farthest/furthest
late	later/latter	latest/last

(3) 原級の前に more(比較級), most(最上級)をつける比較変化 ⇒ 2音節以上の語

carefully	more carefully	most carefully
difficult	more difficult	most difficult

＊more は -er の、most は -est の代わりと考える！

3．比較級の用法

(1) 比較級(-er または more ～)+than ... （...より～）

Tom is **taller than** Bill.（トムはビルより背が高い。）

That flower is **more beautiful than** this one.（あの花はこの花よりも美しい。）

(2) ラテン語に由来する語の比較級…ラテン語に由来する **junior**(～より年下の、後輩の)、**senior**(～より年上の、先輩の)、**superior**(～より優れた)、**inferior**(～より劣った)は、その後に than ではなくて to を用いる。

Anne is **inferior to** Ben in math, but she is **superior to** him in French.
（アンはベンより数学では劣るが、フランス語では優れている。）

She is **senior to** me in this fitness center.
（彼女はこのフィットネス・クラブでは私の先輩です。）

I am **junior to** her by two years.（私は彼女より2歳年下です。）

He is four years **senior to** me.（彼は私より4歳年上です。）

(3) **The**+比較級～、**the**+比較級 ... （～すればするほど、それだけますます... ）

The more we have, **the more** we want.（持てば持つほど欲しくなる。）

(4) 比較級+and+比較級 （ますます～）

The situation is getting **better and better**.（状況はますます良くなっている。）

(5) 比較級+than any (other)+単数名詞（他のいかなる～よりも...だ）/ Nothing (No～) +V+比較級+than ～（～ほど...なものはない）…形は比較級だが、意味は最上級である。

Good health is **more** precious **than any other thing**.（健康は他の何よりも大切だ。）

Nothing is more precious **than** good health.（健康ほど大切なものはない。）

(6) 比較級の強調…**much**、**far**、**even**、**still**、**a little**、**a bit**、**a lot** などを比較級の前に置いて比較級の意味を強めることがある。口語表現では **a little**、**much** の代わりに **a bit**、**a lot** が用いられることが多い。

   Her bag is <u>much</u> heavier than mine(=my bag).（彼女の鞄は私のより**ずっと**重い。）

(7) 注意が必要な比較級

   no more than（〜しか）   / **no less than**（〜も）

   not more than（多くても〜 = 〜以下） / **not less than**（少なくても 〜= 〜以上）

4．最上級の用法

(1) **the＋最上級＋of** または **in** 〜（〜の中で最も…である）… all や数字がある場合には of を、範囲領域の場合には in を用いる。

   He is **the tallest of** all the boys.（彼は全ての少年の中で最も背が高い。）

   He is **the tallest of** the three boys.（彼はその3人の少年の中で最も背が高い。）

   He is **the tallest** boy **in** his class.（彼は彼のクラスの中で最も背が高い少年だ。）

(2) 最上級の強調…**very**、**much**、**by far** などを最上級の前に用いて最上級の意味を強める。

   Julia is the **very** best friend.（ジュリアこそまさに親友だ。）

   Rugby is **by far** the most popular.（ラグビーは群を抜いて最も人気がある。）

(3) **the** をつけない最上級

① 同一の人や物についての部分の比較

   My sister looks **happiest** when she is shopping.

   （私の姉は買い物をしている時が一番幸福そうに見える。）

② 強意…他のものとは比較せずに気持ちや意味を強めて「非常に」という意味になる表現。

   She is a **most beautiful** girl.（彼女は非常に美しい女性だ。）

(4) 特殊な最上級

① 主語＋形容詞の最上級（どんな〜でさえも）…even（〜でさえも）を補って訳す最上級で、主語が普段はしないはずの内容を表わす際に用いられる。

   The best student sometimes makes such a mistake in class.

   （最も優秀な学生でさえも授業中時々そのようなまちがいをする。）

② **the＋序数詞＋最上級**（何番目に〜）

   Los Angeles is **the second largest** American city.（ロサンゼルスは米国第2の大都市だ。）

③ **one of the＋最上級＋複数名詞** （最も〜な複数名詞の中のひとつ）

   She is **one of the most popular singers** among young people.

   （彼女は若者に最も人気のある歌手の一人である。）

④ **the least＋原級**（最も〜でない）…他に比べて程度が劣っていることを表現する。

   He is **the least brave** of the five boys.（彼はその5人の少年の中で最も勇気がない。）

⑤ **the last＋名詞＋to** 不定詞(または関係代名詞の節)（決して〜しない名詞）

   Betty is **the last person to tell** a lie.（ベティは決して嘘をつかない人だ。）

Unit 16 Exercises

[1] (　　) に入る適語を選び、○で囲みなさい。
1) She is the (popularer, popularest, more popular, most popular) singer in Japan.
2) Last night he got home (late, later, latter, more lately) than usual.
3) They say that (more, the more, most, the most) you earn, the happier you become.
4) He is the tallest (of, in, among, with) the four boys.
5) She is not nearly as (good, good a, a good, better) secretary as Stella.

[2] (　　) に適語を入れて、日本文に合う英文を完成させなさい。
1) You have (　　　　) as many books as I have.　（君は私の2倍本を持っている。）
2) English is (　　　　) easier than French.　（英語は仏語よりずっとやさしい。）
3) This is (　　　　) expensive than that.　（これはあれより値段が高くない。）
4) No (　　　　) boy in the class is as tall as Tom.　（トムがクラスで一番背が高い。）
5) She is three years (　　　　) to him.　（彼女は彼より3歳年下です。）

[3] 間違っている箇所に下線をひいて、適切な形に直したものを (　　) に入れなさい。
1) She is the oldest of the two ladies.　　　　　　　　　(　　　　　)
2) He jumped as high as he can.　　　　　　　　　　　(　　　　　)
3) She is superior than him in English.　　　　　　　　(　　　　　)
4) He swims fastest in all.　　　　　　　　　　　　　(　　　　　)
5) Nothing is preciouser than love.　　　　　　　　　(　　　　　)

[4] 次の語句を並び替えて、文を完成しなさい。但し、文頭に来る語を大文字にしなさい。
1) I / had / that / car / is / have / the / ever / best / this / .

2) America / largest / the / is / in / third / Chicago / city / .

3) which / is / more / say / to / the / it's / the two / hard / of / intelligent / .

4) up / better / her / think / to / she / job / than / I / give / knows / .

5) getting / around / autumn / the / as / just / cooler and cooler / it's / is / corner / .

Unit 17　完了形

1．現在完了形…「現在」に視点を置いて過去の動作や状態が**現在とつながりを持っている**ことを表して、**継続・経験・結果・完了**の意味を持つ。

　　　　　肯定文　　　　have / has ＋ 過去分詞
　　　　　疑問文　　　　Have / Has ＋ 主語 ＋ 過去分詞 ～？
　　　　　答え方　　　　Yes, 主語 ＋ have / has.　　No, 主語 ＋ haven't / hasn't.

(1) 継続用法…現在迄の動作や状態の継続を表して「今迄ずっと～している」の意味である。動作を表す動詞は「継続用法」以外にも現在完了進行形でも使われる。

　　　　　He **has been** in Kyoto.（彼は今迄ずっと京都にいる。）

＊「彼が京都にいる(He is in Kyoto.)」状態が過去のある時点から今もずっと続いている。

★「継続用法」では、期間を問う"**How long** ～？"や期間を表す前置詞 **for** や **since** などを用いることが多い。

　e.g. **How long** has Peter been in Kyoto?（ピーターは京都にどのくらいいるのですか。）
　①He **has been** in Kyoto **for three years**.（彼は3年間ずっと京都にいる。）
　②He **has been** in Kyoto **since three years ago**.（彼は3年前からずっと京都にいる。）
　③He **has been** in Kyoto **since 2008**.（彼は2008年からずっと京都にいる。）
　④Three years **have passed since** he went to Kyoto.＝It **has been** three years **since** he went to Kyoto.（彼が京都に行ってから3年になる。）

＊現在が2011年だとすると、③の文も「彼は3年間ずっと京都にいる。」という意味になる。

(2) 経験用法…現在迄の経験を表し、「今迄に～したことがある」の意味である。

★「経験用法」では、**ever**（これまでに）、**never**（これまでに～ない）、**before**（以前）、**often**（しばしば）や、**once**（1回）、**twice**（2回）、**three times**（3回）、**～times**（～回）、**several times**（数回）などの頻度を表す副詞句を伴うことが多い。

　　　　　He **has been** to Kyoto **three times**..（彼は今迄に京都に3回行ったことがある。）
　　　　　Have you **ever** been to Kyoto?　Yes, I have.　/　No, I haven't.
　　　　　（今迄に京都に行ったことはありますか。はい、あります。いいえ、ありません。）
　　　　　He has **never** been to Kyoto **before**.（彼は今迄一度も京都に行ったことはない。）

(3) 完了用法…現在迄の動作の完了を表して「もう～してしまった、今～したところだ」という意味になる。**just、already、lately、now、yet** などの副詞を伴うことが多いが、have と過去分詞の間に入る **just** と **already** 以外は、通常文尾にくる。

　　　　　She **has** **just** **come** home.（彼女がちょうど帰って来たところだ。）
　　　　　The train **has** **already** left.（電車はすでに出てしまっている。）
　　　　　Have you **read** the paper **yet**?　――　Yes, I've (＝ I have) **just** read it.
　　　　　（もう新聞を読み終えましたか？　はい、ちょうど終えたところです。）
　cf.　┌　The play **has started**.（劇が始まってしまった。）
　　　└　The play **started**.（劇が始まった。）

＊「現在完了形」は現在に視点を置いて、過去のある時点と現在との間につながりがあるために、上の文では「今も劇を上演している」ということが分かるが、下の文では過去のある時点のみをとらえているので、今も劇を上演しているかどうかは分らない。

(4) 結果用法…動作後の現在の結果を表して「～して今は…だ」の意味である。

　　　He **has gone** to Kyoto.（彼は京都に行ってしまった。）

＊「彼は京都に行ってしまった。その結果、彼は今ここにはいない。彼は今京都にいる。」という意味で、現在の状況を表している。

２．過去完了形 had ＋ 過去分詞 …過去のある時点を基準として、それ以前のことを振り返って表現する。人称で区別する必要はなく、主語が何であろうと **had** を使う。

(1) 継続用法…過去のある時迄の状態の継続を表して「その時までずっと～していた」という意味になる。

　　　He **had lived** in Kyoto for three years till he came back to Tokyo.
　　　（彼は東京に戻ってくるまでの３年間ずっと京都に住んでいた。）

＊過去のある一点を表す "he came back to Tokyo"「彼が東京に戻ってきた」時に視点を置き、その過去の時点より以前の「３年間ずっと京都に住んでいた」という意味になるので、過去より前の時制である過去完了形にすることによって、その時間差を明確にしている。

(2) 経験用法…過去のある時迄の経験を表して「その時迄に～したことがあった」である。

　　　He **had never been** to Kyoto until then.
　　　（彼はその時まで一度も京都に行ったことがなかった。）

＊過去のある一点である「その時」に視点を置いて、「その時」からさかのぼって「彼」が生まれた時までの期間で「京都に一度も行ったことがない」という意味を表している。

(3) 完了・結果用法…過去のある時迄の動作の完了・結果を表して「その時には～していた」の意味である。

　　　He **had already done** his homework when I visited his house.
　　　（私が彼の家を訪れたときには、彼はすでに宿題を終えていた。）

(4) 過去のある出来事よりも以前の出来事を表す過去完了形…過去に起こった出来事を起こった順とは逆に表現する場合は、前後関係を明確にするために先に起こった出来事の文を過去より前の時制である過去完了形にする。出来事を起こった順に述べる場合や、**before** や **after** などの前後関係をはっきりさせる語がある場合には、時制は過去形のままでよい。

　　　She **painted** a beautiful picture **and gave** it to me.
　　　（彼女が美しい絵を描いた。そしてそれを私にくれた。）
　⇒　She **gave** me the beautiful picture which she **had painted**.
　　　（彼女が描いた美しい絵を私にくれた。）　　　　　　＊時間のずれを明確に表現

(5) 時制の一致による過去完了形

　　　Now he **says**, "I **haven't watched** the musical."
　　　（今彼はそのミュージカルをまだ見ていないと言っている。）

Unit 17

⇒ Yesterday he also **said** that he **hadn't watched** the musical.
(昨日も彼はそのミュージカルをまだ見ていないと言っていた。)

(6) 仮定法過去完了…過去の事実の反対を仮定する場合に用いる。

If you **hadn't taken** part in the race, you **wouldn't have broken** your leg.
(君はそのレースに参加しなかったならば、足を骨折しなかっただろうに。)

⇒ As you took part in the race, you broke your leg.　　＊過去の事実
(君はそのレースに参加したので、足を骨折した。)

3．未来完了形　will ＋ have ＋ 過去分詞

(1) 継続用法…未来のある時点に視点を置いて、その時までの動作や状態の継続を表して「その時までずっと～しているだろう」の意味になる。

He **will have lived** in Kyoto for three years next month.
(来月で彼は3年間ずっと京都に住んでいることになるだろう。)

(2) 経験用法…未来のある時点に視点を置いて、その時までの経験を表して「その時までに～したことになるだろう」の意味である。

He **will have been** to Kyoto four times, if he goes there again.
(彼がまた京都に行ったら、京都に4回行ったことになるだろう。)

(3) 完了・結果用法…未来のある時点に視点を置いて、その時までの動作の完了・結果を表わして「その時までには～してしまっているだろう」の意味になる。 完了の期限を表す by ＋ 時を表す名詞(句) を伴うことが多い。

He **will have done** his homework by eight o'clock.
(8時までには彼は宿題を終えているだろう。)

4．完了進行形

(1) 現在完了進行形　have(has) been ＋ 現在分詞 …過去のある時点から現在迄の動作の継続を表して「今迄ずっと～し続けている」の意味になる。現在完了形の「継続用法」とほとんど同じ意味だが、継続状態が長期になる場合には現在完了形が使われることが多い。

She **has been playing** the piano since lunchtime.
(昼食時からずっと彼女はピアノを弾いている。)

(2) 過去完了進行形　had been ＋ 現在分詞 …「動作」を表す動詞に用いて、過去のある時点までの動作の継続を表す。

He **had been studying** all night, so he was exhausted when he came downstairs.
(彼は一晩中勉強していたので、階下に降りてきた時には疲れていた。)

(3) 未来完了進行形　will have been ＋ 現在分詞 …「動作」を表す動詞に用いて、未来のある時点までの動作の継続を表す。

By March, you**'ll have been working** for this company for a year.
(3月迄で、あなたはこの会社に1年間勤めていることになるでしょう。)

Unit 17 Exercises

1 （　）に入る最も適切なものを選び、○で囲みなさい。
1) When she was a child, she （lived, has lived, had lived, had been living） in Hassocks.
2) Let's go out as soon as it （will stop, stopped, has stopped, had stopped） raining.
3) How long （has it being, it has being, it has been, has it been） since we last met?
4) He has been watching TV （by, for, since, until） 2 hours.
5) She said that she （has seen, had seen, has been seeing, had been seeing） him before.

2 （　）に適語を入れて、日本文に合う英文を完成させなさい。
1) She's （　　　） left here.　　　　　　　（彼女はちょうど出て行ったところだ。）
2) I （　　　） never met her before that.（それ以前に彼に一度も会ったことはなかった。）
3) （　　　） tonight he'll have done it.（今晩迄には彼はそれを済ませているでしょう。）
4) It was the first time I'd （　　　） my wallet.（お財布を忘れたのは初めてだった。）
5) He has been working （　　　） since then.（彼はそれ以来ずっと働き続けています。）

3 間違っている箇所に下線をひいて、適切な形に直したものを（　　）に入れなさい。
1) She has been to London since 2007.　　　　　　　　（　　　　　）
2) He hasn't finished reading the book already.　　　　（　　　　　）
3) She has not been happy until then.　　　　　　　　（　　　　　）
4) I have gone to Boston last year.　　　　　　　　　（　　　　　）
5) She is very tired as she had been waiting for him for about an hour.（　　　　　）

4 次の語句を並び替えて、文を完成しなさい。但し、文頭に来る語を大文字にしなさい。
1) Seattle / will / before / have / flown / but / next / fly / I / once / to / month / never / .

2) the / Fifth Avenue / husband / had / lost / bought / which / she / on / her / ring / .

3) Bill / used / it / he / last / has / bought / by / year / since / that / been / computer / .

4) he / not / New York / seen / till / went / had / to / Ken / skyscrapers / .

5) June / in / will / next / studying / been / by / one / we / England / year / have / for / .

Unit 18　関係詞

　関係詞は２つの文を結んで１つの文にする接続詞的な働きをする。**関係代名詞**と**関係副詞**があり、それぞれに**限定用法**と**継続用法**という２つの用法がある。限定用法は先行する詞を修飾限定する場合に、継続用法は先行する詞について補足説明する場合に用いられる。

１．関係代名詞…代名詞の働きをする関係詞で、先行する名詞「**先行詞**」とその名詞を修飾・説明する「**節**」とを結び付ける。先行詞が「人」か「もの」か、また従属節（関係代名詞節）の中でどのような働きをするかによって関係代名詞が決まる。関係代名詞が主語の役割をするのか、所有の意味を表すのか、目的語の役割をするのかによって関係代名詞の格変化が起こる。

【格変化】　　　　　　＊関係代名詞の目的格は省略可能。

主格	who	which	that	what
所有格	whose	whose	／	／
目的格	whom	which	that	what

(1) who…先行する名詞・代名詞が人の場合

① **主格 who**
　　I know a boy.　He can swim very fast. ⇒ I know a boy **who** can swim very fast.
　　（私は一人の少年を知っている。彼はとても速く泳ぐことができる。）⇒（私はとても速く泳ぐことができる一人の少年を知っている。）

② **所有格 whose**
　　She met a man.　His eyes were impressive. ⇒ She met a man **whose** eyes were impressive.（彼女は一人の男性に会った。彼の眼は印象的だった。）⇒（彼女は眼が印象的だった男性に会った。）

③ **目的格 whom**
　　A lady is playing the violin. He met her at the party. ⇒ A lady (**whom**) he met at the party is playing the violin.（ある女性がバイオリンを演奏しています。彼は彼女にパーティで会った。）⇒（パーティで彼が会った女性がバイオリンを演奏しています。）

(2) which…先行する名詞・代名詞が物の場合

① **主格 which**
　　Helen has a doll.　It was made by her mother. ⇒ Helen has a doll **which** was made by her mother.（ヘレンは人形を持っている。それは彼女の母によって作られた。）⇒（ヘレンは母によって作られた人形を持っている。）

Unit 18

② 所有格 whose

Look at the mountain. **Its** top is covered with snow. ⇒ Look at the mountain **whose** top is covered with snow.（その山を見て。頂上が雪で覆われている。）⇒（頂上が雪で覆われているその山を見て。）

③ 目的格 which

Helen has a doll. Her mother made it. ⇒ Helen has a doll **(which)** her mother made.
（ヘレンは人形を持っている。彼女の母がそれを作った。）⇒（ヘレンは母が作った人形を持っている。）

(3) that…所有格は存在せず、先行詞の区別なく who や which の主格・目的格と同様に用いられる。
① 主格 that

This is the boy **that** can swim very fast.（こちらがとても速く泳げるその少年です。）

② 目的格 that

This is the plant **(that)** he gave me.（これは彼が私にくれた植物です。）

③ that の注意すべき用法…that のみしか使えず、who や which を用いることはできない。

a) 先行詞が人と物の両方の場合

He painted the picture of a castle and its guard **(that)** he saw in Windsor.
（彼はウィンザーで見た城と衛兵の絵を描いた。）

b) 先行詞に最上級の形容詞や序数、限定的な意味の all、every、any、no、the only、the very、the same、the last などがつく場合

This is the highest mountain **(that)** I have ever climbed.
（これは私が今まで登った中で最も高い山だ。）

c) 先行詞が不定代名詞の場合

There isn't anything **(that)** I can eat.（私が食べれる物は何もない。）

d) 疑問代名詞がある場合

Who is the person **that** asked such a difficult question?
（そのような難しい質問をした人は誰ですか？）

(4) what…先行詞をその中に含み、「～するもの、～すること」などの意味を表し、**the thing(s) which**、**those which** などと同じ表現である。形容詞節を導く who、which、that とは異なり、what が導く節は名詞節である。

① 名詞節で主語の働きをする what

What is written here is very useful.（ここに書かれていることは本当に役に立つ。）
S 名詞節　　　　V　C

Unit 18

② 名詞節で目的語の働きをする what

　　<u>I</u> <u>can understand</u> **what** <u>you mean</u>.（あなたの言いたいことは理解できる。）
　　　S　　V　　　　　O 名詞節

③ 名詞節で補語の働きをする what

　　<u>He</u> <u>is</u> totally <u>different</u> from **what** he was.（彼はもう昔の彼とは違う。）
　　　S　V　　　　　C　　　　　　　名詞節

④ what を含む慣用表現…本文とは独立して、副詞節の働きをする。

　　what we call、what is called（いわゆる）／ what is more（その上に）

　　Even dogs should have, **what we call**, a good social life.
　　（犬といえども<u>いわゆる</u>良い社会生活をおくるべきだ。）
　　You made a wrong decision, and, **what's more**, you didn't change your mind.
　　（あなたは間違った決定をした。そして<u>その上</u>決心を変えなかった。）

(5) 前置詞＋関係代名詞

例文1)　This is <u>the hotel</u>.　John stayed <u>at</u> <u>the hotel</u> last week.
＊上の2文では the hotel が共通なので、the hotel を関係代名詞 which に直して次のように書き換えることができる。at which は関係副詞 where に置き換えることができる。

　　This is the hotel ｛ which/that John stayed <u>at</u> last week.
　　　　　　　　　　　　at which John stayed last week.　　　＊at that は不可
　　　　　　　　　　　　where John stayed last week.

（ここはジョンが先週滞在したホテルです。）

例文2)　<u>The man</u> is my brother.　You spoke to <u>him</u>.
＊him を関係代名詞 whom に直して3つの文に書き換えることができる。whom/that は目的格なので省略することもできる。that や省略形を用いるとくだけた表現になり、whom を用いるとあらたまった表現になる。

　　The man ｛ whom/that you spoke to
　　　　　　　　to whom you spoke　　　　｝ is my brother.
　　　　　　　　you spoke to　　　　　　　　（あなたが話しかけた人は私の兄です。）

2．関係副詞…副詞と接続詞の働きをして、主節と名詞を修飾する形容詞の働きをする従属節とを結ぶ。先行詞が省略されて名詞節を導く用法もある。when、where、why には関係副詞の導く節が先行詞を限定する用法があるが、先行詞が省略される how にはその用法はない。

Unit 18

(1) **when**…先行詞が「時」を表す名詞の場合

　　Do you know the exact **time when** the next train will arrive?
　　（次の列車が到着する正確な時刻を知っていますか？）
　　Fall is **when** everybody enjoys the beauty of nature.
　　（秋は誰もが自然の美しさを楽しむ時だ。）　　　　　＊先行詞 the time が省略

(2) **where**…先行詞が「場所」を表す名詞の場合

　　This is the house **where** he was born.（ここは彼が生まれた家だ。）
　　This is **where** he was born.（ここは彼が生まれた場所だ。）＊先行詞 the place が省略

(3) **why**…先行詞が「理由」を表す名詞の場合

　　I don't know the reason **why** he was fired.（なぜ彼が解雇されたのか理由はわからない。）
　　That's **why** he was fired.（そういうわけで彼は解雇された。）＊先行詞 the reason が省略

4) **how**…名詞節を導く。常に先行詞はなく、「～する方法」という意味である。

　　This is **how** you can make a Spanish omelet.
　　（これがスペイン風オムレツをつくる方法です。）　＊This is how…（このようにして…）

３．関係詞の継続用法…先行詞を修飾限定する場合に **who、which、when、where** が用いられる。継続用法では関係詞の前にコンマがあり、先行詞について補足説明をする。

(1) who

　　She has two sons, **who** (=and all of them) are teachers.　　　＊継続用法
　　（彼女には２人の息子がいるが、彼らは教員である。）
　　She has two sons **who** are teachers.　　　　　　　　　　　　＊限定用法
　　（彼女には教員をしている２人の息子がいる。）＊息子は２人以外にもいる可能性がある。

(2) which

　　The mountain, **which** is covered with snow, is very beautiful.
　　（その山は、雪に覆われているが、とても美しい。）
　　He said he was promoted, **which** (=and it) was a lie.
　　（彼は昇格したと言ったが、それはうそだった。）

(3) when

　　Please wait till one o'clock, **when** (=and then) everybody will be back.
　　（１時までお待ち下さい。その時には皆がもどりますから。）

(4) where

　　He took me to a museum, **where** (=and there) we had a wonderful time.
　　（彼が美術館に連れて行ってくれた。そしてそこで私達はすばらしい時を過ごした。）

Unit 18 Exercises

1 （　）に入る適語を選び、○で囲みなさい。
1) Look at that girl (who, whose, whom, which) eyes are green!
2) Where is the book (what, whose, that, as) I lent you last month?
3) This is the only shop (which, what, whose, that) sells funny goods.
4) The woman (who, whose, whom, of which) is standing by him looks like his mother.
5) She said she found the shortest way, (which, what, whose, that) turned out to be true.

2 （　）に適語を入れて、日本文に合う英文を完成させなさい。
1) That's (　　　　) he gave up the project.　（そういうわけで彼はその企画をあきらめた。）
2) The city (　　　　) I love is New York.　　（私が愛する都市はニューヨークです。）
3) This is the town (　　　　) he was born.　（ここが彼の生まれた街です。）
4) He is, (　　　　) is called, a hooligan.　（彼はいわゆるフーリガンだ。）
5) That is (　　　　) I know about her.　（それが彼女について知っているすべてです。）

3 間違っている箇所に下線をひいて、適切な形に直したものを（　）に入れなさい。
1) She is now different from who she was.　　　　（　　　　　　）
2) The man whom you spoke is her father.　　　　（　　　　　　）
3) I don't remember the day that he left England.　（　　　　　　）
4) He walked to the street, which he took a bus.　（　　　　　　）
5) We interviewed seven candidates, none of who was well qualified. （　　　　　　）

4 次の語句を並び替えて、文を完成しなさい。但し、文頭に来る語を大文字にしなさい。
1) two / his / company / is / away / at / which / Tom / house / miles / from / a / works / .

2) pudding / is / cooked / a / way / she / the / Christmas / this / how / .

3) when / will / can / out / the / plan / you / come / your / day / carry / .

4) newspaper / is / can / in / you / corner / it / only / that / this / daily / buy / the / .

5) of / be / government / who / should / are / out / helped / work / the / by / those / .

Unit 19　分詞構文

分詞構文は、現在分詞 ～ 、S + V ～ の形で、「時」・「理由・原因」・「条件」・「譲歩」・「付帯状況」などを表し、文頭・文中・文尾のどの位置にも置かれる。分詞が接続詞や動詞を兼ねて、主文全体を修飾する副詞句になる。

（文頭）<u>**Jogging**</u> around the park, Jane and Bob saw their friend.
　　　　=<u>**When(While)**</u> Jane and Bob were jogging around the park, they saw their friend.
　　　　　　　　　　　　　従属節　　　　　　　　　　　　　　　　　主節

（文中）Jane and Bob, <u>**jogging**</u> around the park, saw their friend.
　　　　=Jane and Bob, <u>**when(while)**</u> they were jogging around the park, saw their friend.
　　　　　主節　　　　　　従属節　　　　　　　　　　　　　　　　主節

（文尾）Jane and Bob saw their friend, <u>**jogging**</u> around the park.
　　　　=Jane and Bob saw their friend, <u>**when (while)**</u> they were jogging around the park.
　　　　　　　　主節　　　　　　　　　　　　従属節

（公園の周りをジョギングしている時に、ジェインとボブは友達に出会った。）

1．分詞構文が表す意味

① 時（～する時に、～した後で、～するやいなや）

　　<u>**Arriving**</u> at the station, she found her train gone.
　　= When she arrived at the station, she found her train gone.
　　（駅に到着すると、彼女の乗る電車は出てしまっていた。）

② 理由・原因（～なので）

　　<u>**Being**</u> bored, we went out for a walk.
　　= As we were bored, we went out for a walk.
　　（退屈したので、私たちは散歩にでかけた。）

③ 条件（～すれば）

　　<u>**Working**</u> hard, you will be promoted.
　　= If you work hard, you will be promoted.
　　（一生懸命働けば昇進するでしょう。）

④ 譲歩（～しても、～だけれども）

　　<u>**Feeling**</u> down, she kept smiling at her client.
　　= Though she felt down, she kept smiling at her client.
　　（落ち込んでいたけれども、彼女は顧客に微笑み続けた。）

⑤ 付帯状況（～しながら、～そして～する）

　　The train for Paris starts at eight, <u>**arriving**</u> at nine.
　　= The train for Paris starts at eight and it arrives at nine.
　　（パリ行きの電車は8時に出発して9時に着く。）

Unit 19

2．**分詞構文の否定形**…分詞の前に **not** または強い否定を表す **never** を用いる。

　　<u>**Not knowing**</u> how to do it, I was just standing there.
　　（どうやってやったらよいかわからずに私はただそこに立っているだけだった。）

3．**完了形の分詞構文** having＋過去分詞 …主文の動詞よりも前の時制を表わす。

　　<u>**Having done**</u> the cleaning, she went shopping.
　　=After she did the cleaning, she went shopping.
　　（彼女は掃除を終えてから買い物に出かけた。）

4．**受動態の分詞構文**…「**being＋過去分詞**」で、その完了形は「**having been＋過去分詞**」になる。両方とも being と having been が省略されて、過去分詞だけが残ることが多い。

　　(*Being) **Wrapped** beautifully, the present looks so special.
　　=As it is wrapped beautifully, the present looks so special.
　　（美しく包装されていて、そのプレゼントは格段特別な物に見える。）

　　(*Having been) **Born** in Japan, Susan speaks Japanese beautifully.
　　=As she was born in Japan, Susan speaks Japanese beautifully.
　　（日本で生まれたので、スーザンは日本語がとても上手だ。）

5．**独立分詞構文**…分詞の意味上の主語が主文の主語と一致しない構文である。

①「**意味上の主語＋分詞**」…分詞の意味上の主語を分詞の直前に置く場合

　　<u>It</u> **being** Sunday, <u>my father</u> took me to the ball park.
　　=As <u>it</u> was Sunday, <u>my father</u> took me to the ball park.
　　（日曜日だったので、父が野球場に連れて行ってくれた。）

　　<u>There</u> **being** no trains, <u>we</u> had to take a taxi.
　　=As <u>there</u> were no trains, <u>we</u> had to take a taxi.
　　（電車がなかったので、私達はタクシーに乗らなければならなかった。）

②**非人称独立分詞**…慣用的表現として分詞の意味上の主語が省かれる。分詞の意味上の主語が we、you、they などの「一般主語」の場合には、これらの主語は慣用的に省略される。この形の分詞構文は慣用句として覚える。

frankly speaking（率直に言えば）	generally speaking （一般的に言えば）
roughly speaking（大ざっぱに言えば）	strictly speaking （厳密に言えば）
considering～　　（～のことを考えれば）	seeing that ～ 　（～の点から見れば）

　　Judging from what he did, he is not the person we can trust.
　　=If we judge from what he did, he is not the person we can trust.
　　（彼のした行動から判断すると、彼は信用できる人間ではない。）

　　Talking of New York, have you been to Broadway?
　　= If we talk of New York, have you been to Broadway?
　　（ニューヨークと言えば、ブロードウエイに行ったことがありますか？）

Unit 19 Exercises

1 (　) に入る適語を選び、○で囲みなさい。
1) He came out of the hall, (looked exciting, looked excited, looking exciting, looking excited).
2) All things (considering, considered, to consider, to considering), this plan is the best.
3) She was sitting with her eyes (close, closed, closing, being closing) when I found her.
4) The train leaves Ueno at five, (arrive, arrives, arriving, arrived) at Mito at six.
5) Generally (speech, speaks, speaking, spoken), French is a difficult language to learn.

2 (　) に適語を入れて、日本文に合う英文を完成させなさい。
1) (　　　　) to the left, you'll find the library.　（左に曲がれば図書館があるでしょう。）
2) (　　　　) from here, the mountain is beautiful.　（ここから見るとその山は美しい。）
3) (　　　　) finished his homework, he watched TV.（彼は宿題を終えた後テレビを見た。）
4) I enjoyed darts, (　　　　) having done it.（一度も経験がないのでダーツを楽しんだ。）
5) He sat (　　　　) by his family.　　　　　　　（彼は家族に囲まれて座っていた。）

3 間違っている箇所に下線をひいて、適切な形に直したものを (　) に入れなさい。
1) Writing in such a hurry, the letter had some spelling mistakes.　(　　　　)
2) Knowing not what to say, she remained silent.　(　　　　)
3) We enjoyed dancing and singing, having had a good time.　(　　　　)
4) Pretty tiring, he went to bed earlier than usual.　(　　　　)
5) Being very cold, she stayed home.　(　　　　)

4 次の語句を並び替えて、文を完成しなさい。但し、文頭に来る語を大文字にしなさい。
1) up / Japan / in / brought / Greek / well / boy / very / Japanese / speaks / that / , / .

2) big / made / having / mistake / a / it / refused / admit / he / to / , / .

3) service / being / bus / there / no / to / a / take / we / taxi / had / , / .

4) in / Boston / he / year / is / at / junior / his / economics / in / specializing / , / .

5) stages / are / different / three / there / everything / playing / including / them / jazz / , / .

Unit 20　仮定法

　仮定法は事実でないことを仮定、想像、願望として表す場合に用いられる。現在、過去、完了、未来形の4つの時制があり、条件節の中で if が省略されて倒置になることがある。

1．**仮定法現在**…現在・未来の不確実な仮定や単なる想定を表して、「もし～すれば…だろう」の意味になる。　If＋S＋現在形(または原形) ～, S＋助動詞＋動詞の原形…

　　　If she does her best, she will get a job.
　　　（もし彼女が最善を尽くすなら、新しい仕事に就けるだろう。）

2．**仮定法過去**…「もし～すれば…するだろう」の意味で、現在の事実に反する仮定や単なる想定を過去形で表す。　If＋S＋動詞の過去形～, S＋助動詞の過去形＋動詞の原形…

　　　If he worked so hard, he would pass the exam.
　　　（もし彼が一生懸命に勉強をするならば、彼はその試験に合格するだろう。）
＊試験はまだ実施されていないので、その試験に合格する可能性がある。

　　　If I were you, I would accept that offer.
　　　（もし私があなただったら、その申し出を受けるでしょう。）
＊"If I were you, I would…"という言い方は、「もし私があなたの立場だったら…するでしょう」という意味になり、相手にアドバイスを与える際によく使われる表現である。

　★仮定法では be 動詞を使う場合は、主語の人称や数に関係なく **were** を使うのが一般的である。口語的表現では、主語が1人称や3人称単数の場合には **was** も使うことはできる。

3．**仮定法過去完了**…過去の事実に反する仮定や実現しなかった願望を過去完了形で表し、「もし～していたら、…したであろう」の意味になる。
　If＋S＋had＋過去分詞～,　S＋助動詞の過去形＋have＋過去分詞…

　　　If he had worked so hard, he would have passed the exam.
　　　＝As he didn't work so hard, he didn't pass the exam.
　　　（もし彼が一生懸命勉強したならば、その試験に合格しただろう。）
＊試験はすでに実施されているので受けることはできず、合格する可能性は全くない。

4．**仮定法未来**…未来について実現しそうもないことを想定して「万が一～すれば、…だろう」の意味になる。話し手によって実現の可能性が低いと判断された内容や、強い疑いなどを表現する。If を省略して should を文頭に置く倒置構文で表現することもある。
　If＋S＋should または were to＋動詞の原形 ～, S＋助動詞＋動詞の原形…

　　　If it should rain, I'll stay at home. ＝（倒置構文）Should it rain, I'll stay at home.
　　　（万一雨が降ることがあれば、私は家にいるだろう。）

5．その他の用法
(1) wish を使った仮定法
① I wish＋S＋過去形(be 動詞は通常 were) …現在の事実に反対で、実現できそうもない願望を表して「～すればよいのに、～であればよいのに」の意味になる。

　　　I wish I were a bird. I would fly to you.（私が鳥だったらなあ。飛んで行けるのに。）

Unit 20

② **I wish＋S＋had＋過去分詞**…過去の事実に反対の願望を表して「～すれば、～であればよかったのに」の意味になる。

　　I wish I had accepted your invitation yesterday. ＝ In fact, I didn't accept your invitation yesterday.（昨日あなたのご招待を受ければよかったのになあ。）＝（実際は、昨日私はあなたの招待を受けなかった。）

> ★願う（＝wish）時点に視点を置いて、願う内容（従属節）が願う時期と同時期であれば**過去形**で、願う時点よりも以前であれば**過去完了形**で表す。主節の wish が過去形になっても願う「時」と願う内容の「時」にずれがなければ「**時制の一致**」を受けない。あくまでも願う「時」と願う内容の「時」のずれに焦点を当てる。

　　I wished I could escape from the house. （家から逃れたい気持ちだった。）

＊願う内容の「逃れる」行為と願う行為は同時期なので、願う内容は過去形で表わされる。

(2) ① **If it were not for ～，S＋助動詞＋動詞の原形…**…仮定法過去形「もし～がなければ、…だろう」の意味になる。**But for** や **Without** でも表現することができる。

　　If it were not for your advice, I couldn't carry out the plan.＝**But for** your advice, I couldn't carry out the plan.＝**Without** your advice, I couldn't carry out the plan.（あなたのアドバイスがなければ、私はその計画を実行に移せないだろう。）

② **If it had not been for ～，S＋助動詞の過去形＋have＋過去分詞…**…仮定法過去完了「もし～がなかったら、…だっただろう」の意味になる。if を省略した倒置表現で表すこともできる。

　　If it had not been for your advice,
　　Had it not been for your advice,　　　　} I couldn't have carried out the plan.
　　But for /**Without** your advice,

（あなたのアドバイスがなかったら、私はその計画を実行に移せなかっただろう。）

(3) ① **as if (＝though)＋S＋過去形(be 動詞は通常 were)**…as if 以下が**現在**のことを表現して「まるで～するかのようだ」の意味になる。

　　He speaks English **as if** he **were** English.（彼はまるで英国人のように英語を話す。）

② **as if (＝though)＋S＋had＋過去分詞**…as if 以下が**過去**の内容を表現して「まるで～したかのようだ」の意味になる。

　　She behaved **as if she had played** the most important role.
　　（彼女はまるで最も重要な役割を果たしたかのようにふるまった。）

(4) ① **It is time ＋S＋過去形(be 動詞は通常 were)**「もう～すべき時だ」

　　It is time you went to bed.（もう寝る時間だ。）

② **It is about time ＋S＋過去形(be 動詞は通常 were)**「もう～そろそろする頃だ」

　　It is about time you had a holiday.（もうそろそろ休みを取っても良い頃だ。）

③ **It is high time ＋S ＋過去形(be 動詞は通常 were)**「もう～する絶好の時だ」

　　It is high time we went abroad.（もう私達が外国に行く絶好の時だ。）

Unit 20 Exercises

1 (　) に入る最も適切なものを選び、○で囲みなさい。
1) If I (am, are, was, were) you, I'd invest money in the stock market.
2) I wish I (had, have had, had had, had been) more time to talk with her yesterday.
3) He suggested that she (accept, accepts, accepted, has accepted) his offer.
4) (If, Had, As, When) I worked harder, I could have passed the exam.
5) It is about time we (take, took, have taken, are going to take) a break.

2 (　) に適語を入れて、日本文に合う英文を完成させなさい。
1) (　　　) for your help, I couldn't finish it.　　（君の助けなしに終了できなかった。）
2) He looked (　　　) though he were ill.　　（彼は病気であるかのように見えた。）
3) We could not live (　　　) water.　　（水がなかったら私達は生きられないだろう。）
4) (　　　) it snow, we'll call it off.　　（雪が降ることがあれば中止しよう。）
5) If I (　　　) to be rich, I'll buy a cruiser.　　（金持ちだったらクルーザーを買うだろう。）

3 間違っている箇所に下線をひいて、適切な形に直したものを（　）に入れなさい。
1) I wish she likes me very much!　　　　　　　　　　　（　　　　　　）
2) She talks as if she is his mother.　　　　　　　　　　（　　　　　　）
3) He studied hard; otherwise he would fail the exam.　　（　　　　　　）
4) If I worked harder, I could have made it much better.　（　　　　　　）
5) Had not it been for your advice, I couldn't have completed it.　（　　　　　　）

4 次の語句を並び替えて、文を完成しなさい。但し、文頭に来る語を大文字にしなさい。
1) only / at / address / known / that / I / had / her / time / if / !

2) her / English / hear / to / speak / a / be / speaker / would / for / native / taken / she / .

3) assignment / if / nice / be / me / would / helped / this / it / you / with / .

4) dollar / only / one / more / with / , / calculator / bought / could / that / he / have / .

5) Internet / not / it / growth / the / were / of / for / if /, / would / like / what / life / be / our / ?

Unit 21　話法

　話法は人が言ったことや考えたことなどを伝える際の表現の仕方で、人が言ったことをそのまま伝える「**直接話法**」と人が言ったことを自分の言葉で伝える「**間接話法**」がある。

１．話法の原則

(1) 伝達文の人称代名詞は、「直接話法」ではその言葉を言った本人の立場から決められ、「間接話法」では話し手の立場から見直される。

　　　　They say, "**We** will help **you** if **we** can."⇒They say (that) **they** will help **us** if **they** can.
　　　　（「出来れば君達を助けるつもりだ」と彼等は言います。）⇒（彼等は出来れば私達を助けるつもりだと言います。）　　＊we→they、you→us にそれぞれ変わる。
　　　　He **says to** me, "**I** like playing golf." ⇒ He **tells** me that **he** likes playing golf.
　　　　（「私はゴルフをするのが好きだ。」と彼は私に言います。）⇒（彼はゴルフをするのが好きだと私に言っています。）　＊says to→tells、I→he にそれぞれ変わる。

注意　① 人称は時間や話し手が異なれば変化する。
　　　② **say to** という伝達動詞句は、「間接話法」では **tell** という伝達動詞に変わる。
　　　③ 引用符（Quotation Marks）"……" は「……。」の代わりであると考える。
　　　④ **that** は省略可能である。

(2) 伝達動詞が過去時制の場合には、「直接話法」では時制の一致をうけず、「間接話法」では時制の一致をうける。

「直接話法」　　He **said to** me, "It **is** a good idea."（彼は私に「良い考えだ。」と言った。）
「間接話法」　　He **told** me that it **was** a good idea.（彼は私に良い考えだと言った。）
　　　　　　　　　┗━ 時制の一致 ━┛　　＊said to→told、is→was にそれぞれ変わる。
直接話法」　　Linda **said to** him, "**I will** see **you** at three o'clock."
　　　　　　　（リンダは彼に「3時に会いましょう。」と言った。）
「間接話法」　　Linda **told** him that **she would** see **him** at three o'clock.
　　　　　　　　　┗━ 時制の一致 ━┛　　（リンダは彼に3時に会おうと言った。）
　　　　　　　＊said to → told、I → she、will → would、you → him に変わる。

(3) 指示語や「時」・「場所」などを表す語(句)の転換

直接話法	間接話法
this	that,　it
these	those
here	there,　in that place
now	then
ago	before,　previous,　previously
today	that day,　the same day
tomorrow	the next day, the following day, the day after
yesterday	the day before,　the previous day

Unit 21

day after tomorrow	in two days' time
the day before yesterday	two days before
next	the next 〜, the following 〜, the 〜 after
last	the previous 〜, the 〜 before

２．「直接話法」から「間接話法」への転換の種類

(1) 伝達文が平叙文

　　　She <u>said to</u> me, "<u>I have</u> a good idea." ⇒　She <u>told</u> me <u>that</u> <u>she had</u> a good idea.
　　　(「良い考えがある。」と彼女は私に言った。)（彼女は良い考えがあると私に言った。)

(2) 伝達文が疑問文…伝達動詞句 say to は ask または inquire に替える。被伝達文の疑問文を間接疑問文にする。

　　　She <u>said to</u> me, "Where <u>does</u> he <u>live</u>?" ⇒　She <u>asked</u> me where <u>he</u> <u>lived</u>.
　　　(彼女は私に「彼はどこに住んでいるの？」と言った。)（彼女は私に彼の住居を尋ねた。)
　　　He <u>said to</u> me, "<u>Can I</u> use <u>this</u> computer?"
　　　(「このコンピューターを使っても良いですか？」と彼は私に言った。)
　　⇒He <u>asked</u> me <u>if</u> (= <u>whether</u>) <u>he could</u> use <u>that</u> computer.
　　　(彼は私にそのコンピューターを使っても良いかどうかを尋ねた。)

(3) 伝達文が命令文

① 伝達動詞句 **say to** → **tell, order**(命令の場合)/**ask, beg**(依頼の場合)/ **advise**(忠告の場合)
② 被伝達文の命令文を to 不定詞にする。否定文では to 不定詞の前に not を置く。
③ please がある場合には、please を省略して伝達動詞 ask, beg で表す。
④ 呼びかけの語は伝達動詞の間接目的語となり、冠詞 the をつける。

　　　The teacher <u>said</u>, "<u>Sit</u> down." ⇒　The teacher <u>told us to sit</u> down.
　　　(先生は「座りなさい」と言った。)（先生は私達に座るように言った。)
　　　The teacher <u>said</u>, "<u>Please sit</u> down." ⇒　The teacher <u>asked us to sit</u> down.
　　　(先生は「どうぞ座って下さい」と言った。)（先生は座るように私達に頼んだ。)
　　　She <u>said to</u> her children, "<u>Don't be</u> noisy." ⇒　She <u>told</u> her children <u>not to be</u> noisy.
　　　(彼女は子供達に「騒がないで」と言った。)（彼女は子供達に騒がないように言った。)

(4) 伝達文が感嘆文…間接話法でも **how** や **what**、**say** もそのまま使うのが一般的である。また、強意の副詞 **very** や **really** などを使って平叙文で表現することもある。間投詞がある場合には **say** の代わりに **cry(out)**、**exclaim**、**thank**、**shout**、**sigh** などを使う。

　　　He said, "<u>How</u> difficult it is!" ⇒　He said <u>how</u> difficult it was.
　　　(「何てそれは難しいのだろう。」と彼が言った。)（いかにそれが難しいのかを彼が語った。)
　　　She said, "<u>What a lovely day!</u>" ⇒　She said <u>that it was</u> a <u>very</u> lovely day.
　　　(「何て素晴しい日でしょう。」と彼女が言った。)（とても素晴らしい日だと彼女が語った。)
　　　Stella said, "<u>Help!</u>" ⇒　Stella <u>cried out</u> for help.
　　　(「助けて！」とステラが言った。)（ステラは大声で助けを呼んだ。)

Unit 21 Exercises

1 ( ) に適語を入れて、日本文に合う英文を完成させなさい。
1) I asked her (   ) he (   ).　　（彼がどこにいるか彼女に尋ねた。）
2) He said that he (   ) just (   ) back.　（彼は戻ってきたばかりだと言った。）
3) I (   ) him (   ) see a doctor.　　（医者に診てもらうように彼に助言した。）
4) She (   ) her (   )　　　　　　　　（彼女はありがとうと言った。）
5) I asked him (   ) he (   ) seen her.　（彼女に会ったことがあるか彼に尋ねた。）

2 間違っている箇所に下線をひいて、適切な形に直したものを (   ) に入れなさい。
1) She complained about how difficult the exam is.　　　(   )
2) He asked her what she likes to do.　　　　　　　　　(   )
3) She said that she has just done her homework.　　　　(   )
4) They said that he had been there a few minutes ago.　(   )
5) He said that it was a long time since he visited her last.　(   )

3 次の(1)〜(5)を間接話法の文に、(6)〜(10)を直接話法の文にそれぞれ書き換えなさい。
(1) My grandfather said to me, "Don't give up your dream under any condition."
　→
(2) She said, "What a lovely garden this is!"
　→
(3) His mother said to him, "I will take you to a nice restaurant tomorrow."
　→
(4) She said to me, "Let's go dancing tonight!"
　→
(5) He said to her, "Can I borrow this pen?"
　→
(6) She told me that she was happy to see me there again.
　→
(7) The teacher told us to read the book silently.
　→
(8) He asked his mother if he could go out then.
　→
(9) She told them that she had watched a spy movie the previous night.
　→
(10) I asked her what she had bought in that store two days before.
　→

PROSPECT —— 実用的な英語表現と文法

©2011年3月31日　初版第1刷発行

著　者	髙谷伴江
発行者	原　雅久
発行所	株式会社朝日出版社
	〒101-0065 東京都千代田区西神田3-3-5
	TEL (03)3263-3321（代表）
	FAX (03)5226-9599
印刷所	協友印刷株式会社

乱丁，落丁本はお取り替えいたします
©Tomoe Takaya
ISBN978-4-255-00579-9 C0082　Printed in Japan